dtv

Das graue Gewand des Alltags abstreifen, die Wärme Afrikas spüren, seine reiche Gefühlswelt nachempfinden, um sich Schritt für Schritt verführen zu lassen von der viel beschworenen Magie des Schwarzen Kontinents. Einer positiven Magie, die aus der Natur herrührt, Geister, Göttinnen und Götter verehrt und zugleich tief im afrikanischen Alltag verwurzelt ist. Das Buch zeigt uns kopflastigen Europäern, wie wir zu unserer eigenen Mitte und zum erotischen Genuss finden können. Kochrezepte, Kosmetiktipps, Hinweise zum Anfertigen von Fetischen, die der Liebe dienen, führen in das afrikanische Lebensgefühl ein. Anekdoten aus dem Leben der Autorin und Geschichten aus Afrika runden das Bild ab.

Ilona Maria Hilliges, geboren 1953, studierte nach ihrem Diplom als Betriebswirtin Sozialwissenschaften für Drittweltländer in Kanada und England. Nach Abschluss dieses Studiums lebte und arbeitete sie viele Jahre in Nigeria und war mit einem Westafrikaner verheiratet. Nach ihrer Rückkehr nahm sie Führungspositionen in internationalen Wirtschaftsunternehmen ein. Ilona Maria Hilliges ist Mutter von vier Kindern und lebt heute in Berlin. Bekannt wurde sie durch ihr Buch ›Die weiße Hexe. Meine Abenteuer in Afrika‹.

Ilona Maria Hilliges
Peter Hilliges

Afrikanische Liebesmagie

Deutscher Taschenbuch Verlag

Ein Projekt der Edition diá
www.edition-dia.de

Originalausgabe
Dezember 2000
Deutscher Taschenbuch Verlag GmbH & Co. KG, München
www.dtv.de

Umschlagkonzept: Balk & Brumshagen
Umschlagbild: © Barnaby Ménage, Bath
Satz, Gestaltung und Vignetten: Rainer Zenz, Berlin
Gesetzt aus der Minion 10/13˙
Druck und Bindung: C. H. Beck'sche Buchdruckerei, Nördlingen
Gedruckt auf säurefreiem, chlorfrei gebleichtem Papier
Printed in Germany · ISBN 3-423-20403-6

Inhalt

Soll es reichlich zu dir fließen,
reichlich andre lass genießen.
Johann Wolfgang von Goethe

Die Wärme Afrikas

Unsere von Technik und Schnelllebigkeit bestimmte Welt steht im fasziniert bestaunten Gegensatz zur ursprünglichen Langsamkeit Afrikas. Die ›Afrikanische Liebesmagie‹ soll helfen, dass Sie nicht nur für die Zeit einer Buchlektüre Ihrem hektischen Alltag entfliehen, sondern die Wärme und das Licht Afrikas in Ihr Denken und Ihr Zuhause einziehen kann.

Als gestresste Europäer haben wir verlernt, wie das geht – genießen. Wir denken, wägen ab, kalkulieren Risiken. Und zerstören die kostbaren Momente der Sinnlichkeit. Diese Fähigkeit zurückzugewinnen soll das Ziel sein. Wie wir es erreichen? Der Kopf muss dem Bauch helfen. Damit der Kopf schläft, wenn der Bauch fühlt.

Vieles, was ich in Afrika erfahren habe, kam mir selbst seltsam vor, als ich es kennen lernte. Klar, wer einen neuen Weg geht, wundert sich zunächst über die neue Umgebung, auf die er trifft. Ich fühle mich dadurch bereichert. Die Magie einer anderen Welt macht meine farbiger.

Dieses Buch basiert auf meinen Erfahrungen in Nigeria sowie auf Berichten und Beschreibungen afrikanischer Freundinnen und Freunde. Für die Folgen der dargestellten Rezepte, Rituale und Anleitungen kann ich verständlicherweise keinerlei Gewähr übernehmen; ich versichere aber: Magie wirkt. Wenn man daran glaubt …

Berlin, im Oktober 2000 Ilona Maria Hilliges

Du brauchst zwei Hände, um verworrene Fäden zu lösen.

Sprichwort aus Nigeria

Das Schlammbad

Der Klang der Trommel rief mich. Ihre verführerisch warmen Schwingungen drangen zu mir, ließen mein Herz schneller schlagen, noch bevor ich herausfinden konnte, woher die lockenden Töne kamen: aus einem der Fenster eines schlichten, mehrstöckigen Hauses in der Münchner Innenstadt. Ich blickte nach oben, atmete tief die warme Großstadtluft dieses späten Sommerabends, die verheißend nach Abenteuer duftete. Nach der Nummer des Hauses musste ich nicht länger suchen. Ich fühlte – ich war angekommen.

Ich war 19, trug ein sonnengelbes, knielanges Kleid mit Spitzenbesatz am Rundkragen, das meine frauliche Figur versteckte. Immer wieder strich ich mein schulterlanges, rotblondes Haar aus dem Gesicht. Noch einmal trat ich einen zögernden Schritt zurück, presste mir dann meine weiße Handtasche vor den Bauch und drückte entschlossen die Haustür auf. John hatte gesagt, dass er unterm Dach wohnte, in einer Wohngemeinschaft. Dort würde er die Party veranstalten: »Komm doch auch, es wird dir sicher gefallen.«

Zunächst hatte ich abgelehnt. Natürlich. John redete und lachte zwar viel, aber er war Afrikaner und ich Papas behütete Tochter, eine viel zu angepasste. Ich studierte brav und jobbte fleißig. Die Treppen stieg ich langsam hoch. Die Musik wurde lauter.

»Wo sind die anderen Gäste?«

»Die kommen noch, du bist die Erste. Ich habe schon zu kochen angefangen.«

Die scharfe, rote Pfeffersauce nahm mir fast die Luft zum Atmen. John zeigte mir, wie man den dazugehörigen Brei aß. Seine schmalen Finger formten eine längliche Garri-Kugel, tippten sie in die rote Sauce, führten sie an meinen Mund. Eine beigefarbene, leicht säuerlich schmeckende Wurst, deren runde Spitze mit der roten Sauce benetzt war. Nur die Spitze sollte ich abbeißen. Er tunkte sie erneut ein und fütterte mich weiter. Ich atmete tief, um meinen heißen Atem zu kühlen.

»Nichts trinken, sonst wird es nur schlimmer«, warnte John. »Hier, kennst du Papayas? Die wachsen in dem Land, aus dem ich komme.«

Ich hatte die Landkarte an der Wand gesehen – Nigeria. Er schnitt die mir damals unbekannte Frucht auf und fütterte mich damit.

»Probier jetzt die Sauce.«

Ich versuchte sie; die Sauce kleckerte auf mein gelbes Kleid.

»Das muss sofort ausgewaschen werden! Gib es mir und nimm das.« John reichte mir eine drei Meter lange Stoffbahn, die ich nur verwundert anstarrte. »Warte, ich zeig dir, wie es geht.« Er wickelte mich in den bunt bedruckten, leuchtenden Batikstoff. Wie im Vorbeiflug berührten seine sinnlichen Hände meinen Busen.

»Ein *wrapper*«, sagte John, »das tragen bei uns Männer und Frauen.«

Mir war warm in dem kleinen Zimmer, so warm, als wäre ich bereits in Afrika. Der seidenweiche Stoff umschmeichelte meine nackte Haut sanft. John ging aus dem Zimmer, um mein Kleid im Bad auszuwaschen. Ich drehte mich vor dem Spiegel. Verführerisch blitzte mein Bein aus dem langen Stoff hervor. Nur die Träger meines BHs passten nicht dazu. Wie Fremdkörper staken sie oben aus dem bunten Stoff heraus. Wenn schon, denn schon … Ich befreite meine Brüste von dem einengenden europäischen Textil und straffte meinen Körper. Na bitte, stand mir gut, das Afrika-Outfit.

John hatte sich wohl recht ungeschickt angestellt – das Kleid war von oben bis unten nass. »Es ist doch warm, das trocknet schnell.«

»Wo sind denn nun die anderen Gäste?«, fragte ich.

»Komm, lass uns tanzen!«, antwortete John.

Eine Frauenstimme stöhnte den immer gleichen Refrain. John zog meinen Körper, erhitzt vom Essen und dem durchdringenden Wummern aus den Boxen, eng an sich und führte mich sanft.

Seine sinnlich-warme Stimme flüsterte mir den Text des Hits aus Nigeria ins Ohr. Er handle von einer Frau, deren Mann sich mit seiner Geliebten amüsiere, während sie durchs Schlüsselloch späht.

»*Na poi*, stöhnt sie, oh je, jetzt machen sie's schon wieder …«, übersetzte sein großer Mund die fremden Worte, die weißen Zähne blitzten.

Diese »Party« wuchs mir über den Kopf, ich machte mich frei, wollte gehen. Aber John berührte ganz sanft meine nackte Schulter. Ein warmer Schauer lief über meinen Körper. »Meinen Obstsalat hast du noch nicht probiert. Hilf mir rasch, die Papayas zu entkernen, die Ananas zu schneiden; ich bereite die süße Sauce dafür zu, dann essen wir und du kannst gehen.«

Ich konnte sowieso noch nie Nein sagen. In diesem Augenblick erst recht nicht … Also kratzte ich den schwarzen, feucht schimmernden Samen aus dem saftig reifen Fruchtfleisch, schnippelte die duftende Ananas in kleine Stücke.

Ich war nicht bei der Sache, mein schlechtes Gewissen als brave Tochter eines strengen Vaters ließ mich immer wieder zu meinem feuchten Kleid lugen: Ich schnitt mir in den Finger. Das Blut tropfte auf das Wickelkleid. Johns weiche Lippen lutschten liebevoll die rote Flüssigkeit von meinem wunden Finger.

»Komm mit ins Bad, dort habe ich Pflaster.«

Ich ging mit, ließ mich verarzten.

»Warum nimmst du nicht eine Dusche, bevor du gehst? Du hast sehr geschwitzt, bei der Hitze.« Nur ein dünner Vorhang trennte die Dusche vom Etagenbad ohne Schlüssel. »Ich pass auf, dass niemand kommt«, sagte Johns weiche Stimme.

In der Dusche suchte ich vergeblich nach einer Seife. Da streckte sich mir eine schwarze Hand entgegen, die eine ovale Blechdose hielt. In der Dose eine schwarze Paste, die nach fremden Kräutern roch. Ich lehnte ab, aber schon schlüpfte John zu mir unter die Dusche. Mit sanftem Druck massierte er die Seifenpaste auf meine Haut. Die Paste oder die Art ihrer Verabreichung ließ mein Herz wie verrückt rasen, noch mehr Schweiß brach aus meinen Poren, vermischte sich mit der Paste zu einem dreckigen, zähen Brei auf meiner bleichen Haut. Ließ mich aussehen, als hätte ich mich in einem Schlammpfuhl gewälzt. Irgendein Bestandteil in der Masse nahm mir die Luft zum Atmen, trieb mir die Tränen in die Augen, während ich Johns Hände überall auf meinem Körper spürte. Sie kreisten, rieben, streichelten, drückten, kneteten. Ich spürte Wellen des Wohlgenusses in meinem Körper aufsteigen.

Am nächsten Nachmittag verließ ich das Haus in meinem braven gelben Kleid. Die Ränder eines roten Flecks zeichneten sich verräterisch darauf ab. In meiner weißen Umhängetasche hatte ich Johns Zimmerschlüssel. Um meinen Hals trug ich ein Amulett aus Leder, geformt wie eine winzig kleine Tasche, gefüllt mit den magischen Kräutern eines Medizinmannes. Mein neuer Talisman.

Ich kam immer wieder zu John – auch zum Duschen.

So geborgen wie das Küken in seinem Nest
ist das Kind in der Liebe seiner Familie.

Weisheit der Fon

Meine Initiation

Mir war ein Mann begegnet, der mein Herz zum Rasen brachte. War es das scharfe und süße Essen oder die Musik, die Verkleidung als Afrikanerin oder die seltsame Seife, die mich verzaubert hatte? Lag es an Johns sanfter Erotik, seinem einfühlsamen Umschmeicheln meiner Seele und meines Körpers? So genau konnte ich das nicht unterscheiden. Ich war 19. Für mich war es Liebe!

Inzwischen bin ich in einem Alter, in dem ich die Dinge mit mehr Abstand betrachten kann. Und weiß, dass es alles zusammen war: die afrikanische Magie der Liebe.

In den Jahren, die seither vergangen sind, habe ich gelernt, wie sie funktioniert, diese Erotik einer fremden Welt. Wobei Johns schlammige Seife in zweierlei Hinsicht den besonderen Kick seines kleinen Rituals ausmachte. Keine Frage, es war durchaus die Art der Anwendung, in der der besondere Reiz lag. Das allerdings bekommt ein leidenschaftlicher Liebhaber auch mit der Supermarkt-Body-Lotion aus der Plastikflasche hin. Er muss nur sein ungestümes Begehren vergessen, der Geliebten Zeit lassen …

Vor allem die Zutaten spielten für das Magische an Johns Seife eine Rolle. Die Grundsubstanzen selbst sind völlig unmagisch: Palmensamen, Holzasche und Regenwasser. Die Palmensamen werden geröstet, zerstampft und gesiebt, um daraus ein natürliches Öl herzustellen. Die graue, grobe Holzasche wird in einen Topf mit einem kleinen Loch geschüttet, darauf wird weiches Regenwasser gegossen, das langsam durch das Loch wieder abrinnt und aufgefangen wird. Palmöl und das mit kleinen Partikeln durchsetzte Aschewasser werden zusammen aufgekocht und verdicken sich zu einer breiigen Masse. Was entsteht, ist die so genannte *native soap*, eine grobe und dunkle, in Afrika weit verbreitete Seife, vergleichbar mit unserer mehr und mehr in Vergessenheit geratenen Kernseife.

Diese simple Haushaltsseife wird durch die weiteren Zutaten, die vor dem Eindicken zugefügt werden, eine besondere Seife: Je nach Bedarf und Zweck werden verschiedene Kräuter, Heilmittel und Gerüche zugesetzt. John verwendete eine Prise Cayenne- und Cupebapfeffer, je einen Löffel Damiana und Brennnesselsamen. Kein Wunder also, dass es mir damals den Atem verschlug. All diese Gewürze und Kräuter sind sexuell stimulierend, aber die entscheidende – weil magische – Zutat waren zwei gehäufte Esslöffel roten afrikanischen Mutterbodens.

Als John sein Heimatdorf verließ, hatten seine Eltern die berechtigte Sorge, dass ihr Sohn nie wieder in die Heimat zurückkehren würde. Also füllten sie eine Schachtel mit der roten Lateriterde, die dem afrikanischen Kontinent seine charakteristische, wundervoll sinnliche Farbe gibt, in die der Schöpfer von Himmel und Erde alten Mythen zufolge diesen Erdteil getaucht hatte.

»Trag diese Erde immer mit dir«, wurde dem in die Ferne aufbrechenden John gesagt, »sie wird dich daran erinnern, in welchem Boden deine Wurzeln ruhen.«

Für einen traditionellen Afrikaner haben solche Worte Bedeutung, denn er weiß, dass er ohne seine Vorfahren – seine Wurzeln – ein Nichts ist. John, der mich als seine Frau gewinnen wollte, nahm von dieser Erde und mengte sie unter die Seife. Die Haut bildet unser größtes Körperorgan. Und bevor ich jemals auch nur einen Fuß auf afrikanischen Boden gesetzt hatte, berührte diese Erde meinen ganzen Körper, drang in all meine Poren ein. Was damals in der Dusche mitten in München passierte, das war meine Initiation, meine Einweihung.

Das »Schlammbad«, mit dem John mich erotisierte, hatte natürlich einen genau kalkulierten Zweck: Der Mann wollte mich. Genau betrachtet standen die Chance für ihn, mich zu erobern, denkbar schlecht: Er war ein mittelloser Student in einem fremden Land. Ein Außenseiter. Aus diesem Nachteil machte er einen Vorteil, indem er ihn betonte. Er entführte mich in sein Reich. Geschickt hatte er das angestellt: Er richtete es ein, dass mein braves Kleid schmutzig wurde, damit er mir ein afrikanisches als Ersatz geben konnte. Das war mehr als der plumpe Trick eines geübten Verführers, es war eine symbolische Geste: Ich nehme dich in meiner Welt auf.

John brachte alle meine Sinne zum Klingen, mit Speisen, Düften, Massagen und Musik. Schließlich hatte er mich so weit, dass ich mich mit seiner fremdartigen Seifenpaste einreiben ließ. Bewusst war mir das natürlich keineswegs: Das »Schlammbad« wusch meine Alltagswelt von mir ab. Und nun war ich frei, mich dem sinnlichen Erleben hinzugeben.

Johns speziellen Trick verstand ich erst viel später: Es war das kleine Lederamulett, das er mir zum Abschied um den Hals gelegt hatte. Es kam vielleicht nicht so sehr darauf an, ob die Kräuter darin tatsächlich eine körperliche Wirkung hatten – im Sinne einer Einwirkung auf die Haut –, sondern auf die Symbolik: Ich kehrte in meine Welt heim mit einem einzigartigen Andenken an Johns Welt; ich trug sein Zeichen bei mir.

Das funktioniert schon mit einem Wohnungsschlüssel, den wir einem Liebhaber anvertrauen oder er uns. Der Schlüssel sagt: Ich vertraue dir, du bist Teil meiner Welt. Um wie viel wirkungsvoller ist da ein Amulett, das nicht so austauschbar anmutet wie ein beliebiger Schlüssel. Das Amulett schafft eine Bindung über das Herz, und nicht über das Hirn wie ein kalter Schlüssel, weil es nicht den Gesetzen sofort nachvollziehbarer Logik entspricht. Sondern jenen der Magie.

Mit diesem kleinen Zauber verlängerte John einen Augenblick. Wenn ich es recht überlege – bis heute. Geöffnet habe ich das kleine

Liebesamulett nie. Magie, die der oder die Verzauberte akribisch analysiert, verliert ihre Kraft. Liebesmagie gehorcht ihrem eigenen Gesetz, der wunderbaren Unvernunft. Es wird niemand behaupten wollen, dass Erotik etwas mit Vernunft zu tun hat. Wenn das kritische Nachdenken erst einmal ins Spiel kommt, endet das rauschhafte Erleben. In Afrika und anderswo.

John hat mir den Schlüssel in die Hand gegeben, die Liebesmagie Afrikas kennen zu lernen – Pardon, er hat ihn mir als Amulett um den Hals gelegt … In diesem Sinn wirken die Kräuter aus Johns Amulett fort, auch wenn unsere Liebe – aus ganz anderen Gründen – Vergangenheit ist.

Willst du wissen, wohin du gehst,
dann sieh nach, woher du kommst.
Volksweisheit der Yoruba

Die alltägliche Magie

Aus meiner Liebe zu John wurde im Lauf der Jahre die leidenschaftliche Begeisterung für seinen fremden Kontinent. John hatte mein Herz zu öffnen vermocht für diese »dunkel lockende Welt«, wie Tania Blixen die Mystik Afrikas so prägnant beschrieb. Die geheime Erotik und Sinnlichkeit einer fremden Welt wurde zum Schlüssel für das Verständnis einer anderen Kultur. Ich lernte ihren Alltag kennen, der von einer anderen Einstellung zum Leben getragen wird.

Zunächst an der Seite von John: Seine Lebenslust, Spontaneität und sein Optimismus hatten mich von Anfang an fasziniert. Wo wir lebten, da war Afrika! Egal ob in München, Toronto oder London, den drei Stationen unserer Ehe. Seine vielen fröhlichen Freunde bevölkerten Küche, Wohn- und Schlafzimmer. In Kanada und Europa verwandelte ich mich in eine – weiße – Afrikanerin. Selbst meine Haare kräuselten sich im modischen Afrolook der Siebziger. Für manches Mal kaum zu überblickende Mengen von Menschen kochte ich in unseren diversen, durchaus überschaubaren Miniküchen riesige Portionen von Reis oder Garri mit höllisch scharfer Fleischsauce. Garri kannte ich als ein Pulver aus der Tüte, das – in kochendes Wasser eingerührt – aufquoll. Ein bräunlicher, säuerlicher Brei, nahrhaft für viele unvorhergesehene Gäste.

John war ein Träumer, kein Mann für den manchmal trüben Alltag mit all seinen Problemen. Afrikanischen Boden berührten meine Füße erst, als die Ehe mit John nur noch auf dem Papier bestand. Ich reiste in seine Heimat Nigeria, einen heute 40 Jahre jungen Staat mit annähernd 300 Volksgruppen und völlig unterschiedlichen Sitten und Sprachen. Nigeria, im Westen Afrikas gelegen, ist das bevölkerungsreichste und am schnellsten wachsende Land des Kontinents. Auf der vierfachen Fläche der Bundesrepublik Deutschland spiegelt sich der afrikanische Kosmos wider: Zu den vielen eigenen Völkern kommen jede Menge aus anderen Staaten zugewanderte. Ein Schmelztiegel der hungrigen Völker Afrikas, die aus den Töpfen des ausgepowerten Erdöllandes Nigeria ein paar Brocken Yams ergattern möchten.

Bleiben wollte ich für die Dauer eines Urlaubs. Aus den geplanten 14 Tagen wurden Jahre. In dieser Zeit lernte ich weit mehr als nur, dass Garri ebenso wenig wie deutsches Kartoffelpüree seinen Ursprung in einer Tüte hat, sondern aus der Maniokwurzel gewonnen wird. Gemeinsam mit anderen Frauen versuchte ich in großen Holzmörsern die harten Wurzeln zu zerstampfen: Ich stand in einem Initiationslager für Frauen mitten im nigerianischen Regenwald. Die Frauen neben mir, die wie ich harte Wurzeln in weichen Brei verwandeln wollten, lachten und schwatzten. Und mir taten die Arme höllisch weh! Als wir später am Abend gemeinsam am Lagerfeuer saßen, die Glühwürmchen in der pechschwarzen Nacht tanzten und junge Mädchen die Trommel schlugen, durfte ich endlich den mühsam gewonnenen Garri-Brei essen. Er schmeckte anders als das Tütenpulver, das ich für Johns Freunde in der engen Küche in London-Brixton zubereitet hatte, um sie alle satt zu bekommen. Dieses Garri hatte einen eigenen Geschmack, aromatischer und süßlicher, mehr nach Freiheit und Abenteuer …

Ohne John war ich in einem Afrika angekommen, das er, der die meiste Zeit seines Lebens in der Multi-Millionen-Metropole Lagos verbracht hatte, selbst nicht kannte – das ursprüngliche Afrika, fern der weißen Zivilisation. Mich umschwirrten Mücken, die mir entsetzlich zusetzten. Aber es war jenes Afrika, an das ich noch heute denke, von dem ich noch heute in manchen Nächten träume. In diesem Afrika erfuhr ich, warum der Schwarze Kontinent auf so viele Menschen eine geradezu magische Anziehungskraft ausübt.

Den Weg dorthin fand ich durch einen anderen Mann: Victor sollte als Nachfolger seines Vaters einen aus vielen Zehntausend Menschen bestehenden Stamm im mittleren Westen Nigerias am Golf von Benin führen. Victor selbst war Halb-Afrikaner, seine Mutter eine Engländerin, er in europäischen Internaten aufgewachsen. Von der Heimat seines Vaters hatte er eine eher theoretische Ahnung.

Ich besaß mehr Erfahrung als er, was den afrikanischen Alltag betraf. Meine Kenntnisse bezogen sich jedoch auf das Leben der breiten Masse, das weitgehend von weißen Wert- und Moralvorstellungen geprägt ist. Das verborgene Wissen um alte Mythen, Magie, Zauberei und Hexerei begegnete mir in den Jahren mit John immer wieder. Ich hatte mich darüber manchmal gewundert, es oft belächelt, es aber auf alle Fälle nicht verstanden; nicht eingesehen, warum Johns kranker Bruder nicht ins nächste Krankenhaus, sondern Hunderte Kilometer weit zum *babalawo* in sein Heimatdorf gefahren wurde. Dort sollte der Medizinmann die Ursachen der Erkrankung herausfinden. Der *babalawo* entdeckte, dass Johns Bruder von seiner eigenen Frau verhext worden war. Was einen – nach meinem damaligen Verständnis – absurden Abwehrzauber zur Folge hatte: So genannte *jujus*, winzige Amulette, wurden an den Fenstern angebracht und über die Türschlösser gehängt. Johns Bruder starb trotzdem.

Von John konnte ich über all das keine Erklärungen erwarten. Von Victor ebenso wenig. Brüsk tat er die alten Bräuche als Aberglauben ab. Denn Victor trug einen inneren Konflikt aus, den Widerstreit der zwei Kulturen, denen er verpflichtet war. Als Nachfolger seines Vaters hatte er sich zu seinen afrikanischen Wurzeln zu bekennen; sein Denken hingegen war weiß. Von der Frau des zukünftigen *chiefs* verlangte der Rat der Ältesten, dass auch sie die Bräuche des Volks des zukünftigen Stammesführers kannte. Damit sie ihre Mitfrauen versteht. Ich – 16 Tage im Urwald? Ohne fließendes Wasser (außer in Flüssen), ohne Toilette und Bett? Es war der einzige Weg. Die weisen Frauen eines Geheimbundes nahmen mich für diese Zeit unter ihre Fittiche. Der Hauptzweck ihres Geheimbundes bestand in der Einweihung junger Mädchen im Alter von zwölf, 13 Jahren in die Geheimnisse des Frauenlebens; des traditionellen, ländlichen, in dem die Frau vor allem definiert wird durch ihre Aufgaben als Gefährtin ihres Mannes, dem sie im Laufe ihres Lebens möglichst viele Kinder schenkt. Kinder, die sie gemeinsam mit ihren Mitfrauen großzieht. Damit die Gemeinschaft des Dorfes stark wird.

In diesen Wochen verstand ich, was ich in den Jahren zuvor oftmals kopfschüttelnd – manchmal wütend, manchmal verzweifelt – abgelehnt hatte: die Einstellung der Afrikaner zum Leben. Dieses Leben ist untrennbar mit Magie verbunden. Im Regenwald, diesem natürlichen, ursprünglichen Lebensraum, geht es gar nicht anders. Dort liegen die Wurzeln der Magie. Sie gründen tief im Alltagsleben. Bis heute bin ich mir nicht sicher, ob John wusste, welchem Ritual er mich mit seinem »Schlammbad« tatsächlich unterzogen hatte; im Urwald erfuhr ich es von den weisen Frauen des Geheimbundes. Die Erde, die John von seinen Eltern mitbekommen hatte, steht für das Element, das uns trägt: die »Mutter Erde«, die uns nährt, in der unsere Wurzeln ruhen. Wir sagen »Heimat«; für Afrikaner, wie die weisen Frauen im Urwald, sind es die Ahnen, die über diese Erde gegangen sind und deren Leib in der Erde ruht. Selbst vor kleinen feierlichen Zeremonien wird dieser Vorfahren gedacht indem sie ein paar Tropfen des Getränks, das zur Feier des Tages gereicht wird, auf den Boden gießen: Auf diesem Weg gibt man etwas an die Ahnen ab. Ähnlich verhält es sich mit dem Wasser, das für die Energie steht, die in allem Leben wohnt.

Und weil all diese Dinge sehr weit reichende Bedeutung haben und eng miteinander verzahnt sind, sprechen die in die Geheimnisse Eingeweihten nicht nur von Erde und Wasser, sondern verleihen ihnen mythische Namen, hinter denen alte Überlieferungen stehen. Aus Materie werden Personen, je nach Bedeutung Götter oder Geister (die sind nachgeordnet), die Namen und Entstehungsgeschichte bekommen und somit lebendig sind wie echte Menschen. Nachdem man sie aus dem Himmel herabgeholt hat, kann man den Geistern und Göttern dienen wie Menschen. Oder sie rufen, wenn man Hilfe braucht.

So sollte ich im Frauencamp an einem breiten, mächtigen Fluss fischen gehen. Zum Fischen aber benötigte ich einen biegsamen, frischen Ast, den ich von einem Baum abtrennen musste. Ich tat es und »versöhnte« diesen mit einem Geschenk – frischem Wasser aus einer Kalebasse. Dann hatte ich der Göttin des Wassers ein Opfer zu bringen. Ein Opfer? Nein, ein Geschenk. Die Göttin sollte mir etwas geben, nämlich einen ihrer Fische, also hatte ich sie ebenfalls zu beschenken. Meine Wahl fiel auf einen Armreif aus Glasperlen und Muscheln, den ich ins Wasser warf. Denn die Göttin des Wassers schmückt sich gern. Anfangs erscheinen uns solche Rituale vielleicht kindisch, nach einiger Zeit aber enthüllt sich der tiefere Sinn: Die Natur dient uns, wir dienen der Natur. Dieses Miteinander – »im Einklang mit der Natur leben« ist heute ein sinnleeres Schlagwort geworden – bewahrt die traditionell denkenden Afrikaner vor dem Raubbau an der Natur. Die Verstädterung greift auch in Afrika um sich; den »Luxus« dieses Miteinanders kann sich kaum jemand mehr leisten. Umso glücklicher bin ich, dass ich das noch erfahren durfte.

Den im Alltag verwurzelten Glauben prägen nicht nur der rücksichtsvolle Umgang mit der Natur, sondern auch die zwischenmenschlichen Beziehungen. Allein der Begriff »Mitfrau«, mit dem man sich im Einweihungslager ansprach, betont diese Nähe: Ohne meine Gefährtinnen wäre ich im Busch verloren gewesen. Sie sprangen für mich ein, beispielsweise wenn ich zu schwach war die Yamswurzeln (härter als Maniok und schwerer zu ernten) zu zerstampfen. Kinder gemeinsam aufzuziehen verleiht jeder Mutter Freiheit für andere Aufgaben; Kochen ist eine Gemeinschaftsarbeit ebenso wie die Arbeit auf den Feldern. In diesen mittlerweile von der Zivilisation in abgelegene Gebiete gedrängten Gemeinschaften gibt es kein Fernsehen und Radio. Der Tag wird durch kleine Rituale verschönt – die gegenseitige Körperpflege vertieft die Beziehung der Frauen; das aufwändige Basteln von Schutzobjekten macht die Geister gewogen; die von Lachen begleiteten Erzählungen alter Geschichten erleichtern die manchmal schwere Arbeit.

Ohne Drogerien und Parfümerien an jeder Ecke stellen die Afrikanerinnen ihre Mittel für die Schönheit selbst her – nach alten Rezepten. Diese richten sich nach den Möglichkeiten ihrer Umgebung; die Zutaten sind »natürlich«, der Natur voller Respekt entnommen. Der Kreativität sind keine Grenzen gesetzt. Wer eine neue Mixtur zur Verfeinerung kennt, bringt sie den anderen bei. Aufgeschrieben wird dabei nichts. Man lebt wie vor Jahrhunderten ohne Schrift. Traurige Schlussfolgerung daraus ist natürlich, dass diese Tradition über kurz oder lang verloren geht.

Ärzte und Krankenhäuser nach westlichem Zuschnitt sind Tagesmärsche oder umständliche Busfahrten entfernt. Heilerinnen kurierten meine diversen Leiden mit den Mitteln der Natur. Die dafür benötigten Kräuter wachsen an den entlegensten und an unvermuteten Stellen, sehen mitunter hässlich aus, riechen unangenehm – aber sie wirken. Bevor sie angewandt werden, hört sich die Heilerin die Geschichte der Patientin an und geht erst dann zu Werke. Nach afrikanischer Überzeugung sind Mensch und Pflanze miteinander verbunden; jedem Menschen ist das ihm entsprechende Gewächs zugeordnet. Dieses Wissen machen die Heilerinnen sich zunutze.

So besuchte die 26-jährige Bessie mit ihrem angeschwollenen, schmerzenden Bauch die Heilerin Zaynab, die in einem Außenbezirk von Lagos eine Kräuterpraxis betrieb. Zaynab bestimmte die Bessie entsprechende Pflanze und grub sie aus. Zaynabs Wahl war auf eine Pflanze gefallen, in deren Wurzeln sich ein dicker Wurm angesiedelt hatte, der die Wurzeln schädigte. Die Heilerin interpretierte das so: Die junge Bessie lebte als neue Frau im Haus eines Witwers. Sie benutzte die hinterlassenen Kochtöpfe der Toten. Ein schwerer Fehler! Bessie hätte ihre eigenen Töpfe in die Ehe mit einbringen müssen. Zaynab, die Heilerin, ließ den Unglückswurm genüsslich von einem Hahn verspeisen. Dann traf's den Hahn: Kopf ab! Der Hahn wiederum wurde der toten Frau geopfert, dessen Töpfe Bessie benutzte. Bessie hatte sich zwei neue Töpfe zu besorgen. In einem bereitete sie sich einen Tee aus der Wurzel jener Pflanze zu, in der der Wurm gewohnt hatte. Der Erfolg stellte sich bald ein: Bessies Bauch nahm wieder vernünftige Dimensionen an.

Oberflächlich betrachtet ist das Magie. Wenn man genauer hinsieht, ist Zaynab eine Ärztin, wie man sie sich nur wünschen kann: Sie heilt im besten Sinne nach ganzheitlichen Gesichtspunkten. So kompliziert denkt Zaynab natürlich nicht, sondern rein praktisch. Deshalb vertreten viele Afrikakenner den Standpunkt, dass Magie ein Handwerk sei, eine erlernbare Fähigkeit, die erst in zweiter Linie mit Mystik zu tun hat. So bedeutet das Wort Fetisch »handgemacht«. Und hat der Fetisch irgendwann seine Wirkung verloren oder seinen Zweck erfüllt, landet er auf dem Müll. Natürlich außerhalb des Dorfs – weil: man kann nie wissen.

Alles ist beseelt.

Grundsatz afrikanischer Naturreligionen

Liebe und Hexerei

Gerade weil die Magie so tief im Alltag Afrikas verwurzelt ist, trifft man überall auf sie. Nicht nur bei meinen weisen Urwald-Priesterinnen, sondern auch in der Stadt. Ich habe, bevor ich zu den Priesterinnen kam, lange Zeit in Lagos gelebt, als Managerin eines deutschen Konzerns. Eines Tages las ich in der Zeitung, dass die Männer eines bestimmten Stadtteils mit der Hand vor der Hose durch die Stadt liefen: Ein großer Schwarzmagier, der ins Gefängnis geworfen worden war, hatte gedroht aus Rache den Männern den Penis wegzuhexen. Nachdem zwei Männer, die in der Nähe des Gefängnisses lebten, kurz danach über plötzliche Impotenz klagten, ließen die anderen Vorsicht walten. Wenige Zeit später kam der Schwarzmagier wieder frei. Mit einem solch mächtigen Mann wollte sich niemand anlegen.

Natürlich habe ich mich gefragt, wie großstadtgewohnte Männer so etwas für möglich halten können. Es hat lange gebraucht, bis ich die Antwort fand. Zufälle gibt es für Afrikaner nicht; Unglück geht immer von einer Person aus, die einem übel gesinnt ist. Es existieren nicht so viele vom puritanischen Denken bestimmte Umgangsfloskeln wie in unserer weißen Welt: Wir wollen uns unsere Nachbarn möglichst vom Halse halten – Afrikaner suchen die Nähe. Das drückt sich in alltäglichen Gesten aus; ständig wird man an der Schulter oder am Arm berührt, sanft und freundlich natürlich.

Diese Nähe führt aber nicht nur zu freundschaftlichen Gefühlen, sondern auch zu Reibereien. Eskalieren sie, sucht man nach Erklärungen, die allerdings nicht im Rationalen gefunden werden, sondern im Mystischen. Darum ist die Liebe oft von verschlingender Intensität, der Hass unter Umständen mörderisch. Die Grundlage für diese Leidenschaftlichkeit des Umgangs miteinander bildet der Glaube an Magie – und Hexerei. Hinter winzigen Gesten, die man leicht übersieht, verbirgt sich oft eine magische Geschichte. Bevor sich mein Kollege Lion aus Lagos – er war Buchhalter und sehr korrupt – auf seinen Bürostuhl setzte, sah er nach, ob sich darauf nicht etwa eine dünne Staubschicht befand. War das der Fall, pustete Lion diesen Staub fort. Er wischte ihn nicht weg! Denn bei dem Staub hätte es sich um einen möglicherweise unerwünschten Liebeszauber einer Hexe handeln können. Und zwar aus Sand, den die Füße Lions berührt hatten. Vermischt mit verbrannten Kräutern und einigen Tropfen Blut kann diese Fußspurenmagie angeblich die Aufmerksamkeit einer begehrten Person erregen. Zwar hatte Lion neben seinen beiden Ehefrauen auch wechselnde Geliebte – aber offenbar war er wählerisch.

Über die Fußspurenmagie klärten mich allerdings nicht die heilenden Priesterinnen im Busch auf. Für solche Raffinessen war Mila zuständig. Die nannte sich bescheiden »Beraterin«, hatte es aber faustdick hinter den Ohren. Mila verdiente sich ihr – vieles – Geld als »Hexe«. Aber als gute, nämlich weiße »Hexe«, die Schaden von anderen abhielt. Dafür musste sie natürlich auch die dunkle Seite der Magie kennen, die schwarze Magie. Die funktioniert genauso wie die weiße Magie der Heilerinnen – nur eben unter umgekehrten Vorzeichen. Die Grenze zu überschreiten ist lediglich eine Frage des Charakters. Mila formulierte das mit einem nigerianischen Sprichwort so: »Das gleiche Messer, das den Dorn aus dem Fuß holen kann, kann auch töten.« Nicht vom Messer geht die Gefahr aus, sondern von dem, der es führt.

Wenn ich von meinen Erlebnissen in Nigeria erzähle, bekomme ich oft den Ausruf zu hören: »Aber du glaubst doch daran nicht wirklich?!« Ich antworte dann mit einem Beispiel, das ich am eigenen Leib erfuhr: Die Priesterinnen eines Frauenkults hatten mir zu meinem Schutz ein Säckchen mit weißem Flusssand geschenkt. Fühle ich mich bedroht, so wurde mir gesagt, solle ich den Sand um mich herum verstreuen. Dieser Moment kam und im entscheidenden Augenblick tat ich genau das – und mein Gegner in der Situation, Sunny, rührte mich nicht an. Er sah, dass ich mich mit magischen Dingen auskenne, und hatte Respekt. Hätte er diesen geheimen Code nicht verstanden – mein »Schutz« wäre wirkungslos geblieben, bestenfalls ein »Kinderstreich«. Magie ist reine Glaubenssache und gerade das macht sie faszinierend. Und lässt sie funktionieren.

Aus Nigeria, auf das sich die Beispiele in diesem Buch in erster Linie beziehen, stammt der wohl am weitesten verbreitete Glaube an Magie: Voodoo. Die aus Afrika vor allem in die Karibik, nach Südamerika und in die USA als Sklaven Verschleppten mischten ihr seit Generationen überliefertes Wissen mit der Religion der Weißen. Aus ihrem Glauben an die Kräfte, Götter und Geister der Natur bezogen sie in der Fremde Stärke. Die von den Weißen mit Argwohn gesehen wurde: Voodoo wurde verboten.

Einer der wichtigsten Fetische eines Voodoo-Priesters ist der Kuhschwanzwedel. Ausgerechnet den zu benutzen war ihm untersagt. Aber der Pragmatismus wusste auch hier einen Ausweg. So konnte ein unverfänglich-harmloser Schneebesen durchaus den Platz des Kultgegenstandes einnehmen. Zuvor wurde das Handwerkszeug der Hausfrau natürlich mit geheimen Sprüchen umgewidmet und geweiht. Für die Weißen blieb es ein Schneebesen – die Eingeweihten erkannten darin einen machtvollen Fetisch.

An der Ritualtrommel eines Priesters in einem Dorf in der Nähe von Lagos befanden sich an der Stelle, an der gewöhnlich Kaurischnecken als Verzierung angebracht waren, die Kronkorken eines populären nigerianischen Biers. Sie erfüllten den gleichen Zweck. Nur Puristen ziehen deswegen verächtlich die Mundwinkel herab.

Die anderen wissen: Hätte es vor Hunderten von Jahren schon Kronkorken gegeben, niemand hätte Kauris verwendet.

Auf dem Altar einer Priesterin im Flussdelta des Niger, von dem Nigeria seinen Namen ableitet, sah ich ein altmodisches Telefon stehen. Es diente dem Kontakt mit der Göttin. Natürlich ohne Kabel. Die Priesterin bewies mit dem Telefon, dass sie Anschluss gehalten hatte an die modernen Zeiten. Für den direkten Draht »nach oben« war der Glaube zuständig.

Magie ist Kreativität und reiche Fantasie – kombiniert mit dem festen Glauben daran, dass es am Ende auch funktioniert. Und wenn nicht? Na, dann hat man wohl ein Opfer zu wenig gebracht oder eine missgünstige Person hat ihre Finger im Spiel. Dann geht der Kreislauf wieder von vorn los: Ein Gegenzauber gegen den Gegenzauber wird gesucht. Und garantiert gefunden. Denn: Alle glauben dran.

Derartig im Alltag verwurzelte Magie schließt keinen Lebensbereich aus. Erst recht nicht einen der wichtigsten von allen – die Liebe. Unendlich viele magische Tricks stehen den Afrikanerinnen zu Gebote. Mein Fahrer Femi, der mich in meiner Zeit als Managerin in Lagos herumkutschierte und dem ich manche Erkenntnis verdanke, erzählte mir eine Geschichte über seine Cousine Nita: Sie war 17, eine junge Schönheit, aber viel zu schüchtern. Und sie war bis über beide Ohren in Joe verknallt, den Freund ihres Bruders. Wenn der ihren Bruder besuchte, schlug Nita die Augen nieder und wünschte sich, gleichzeitig unsichtbar zu sein und Joe in die Arme zu nehmen. In ihrem Kummer wandte sie sich an ihre Großmutter. Die Oma sagte, dass oftmals nicht der direkte Weg zum Ziel führt, und erklärte der verliebten Enkelin, was zu tun sei.

Als Joe wieder zu Besuch kam und mit Nitas Bruder Cola getrunken hatte, räumte sie klopfenden Herzens die Gläser ab. Den Rand von Joes Glas wischte sie mit einem kleinen Stofftuch ab, stach sich mit einer Nadel in die Fingerkuppe und tupfte das austretende Blut zu Joes im Tuch gefangenen Speichel. Sie wusch das Tüchlein in etwas Wasser, in das sie ihren eigenen Speichel mengte, und zog die klare Flüssigkeit mit einer Pipette auf. Bei Joes nächstem Besuch träufelte sie einige Tropfen davon auf die Mundstücke von Joes Zigaretten. Die Sache lief allerdings nicht so, wie Nita geplant hatte: An diesem Tag tauchte überraschend Sam auf, der im Gegensatz zu Nitas Bruder auch rauchte. Joe und Sam teilten sich die präparierten Zigaretten. Jetzt hatte die schüchterne Nita zwei Verehrer, die um ihre Gunst buhlten. Aber Nitas Oma wusste wieder Rat, sagte Femi und grinste mich durch den Rückspiegel seines Peugeot verschmitzt an.

Der jungen Nita half Omas Trickkiste; aber manch ernsthafteres Problem mit der Liebe kann gar gesellschaftliche Auswirkungen haben. Deshalb widmeten »meine« Urwald-Priesterinnen beispielsweise einen Großteil ihrer Lektionen der männlichen Potenz. Afrikanische Männer sind in steter Sorge, dass ihr bestes Stück ihnen mal den Dienst verweigert, denn Potenz wird mit Stärke und Macht gleichgesetzt. Traditionell lebende Afrikaner leben polygam, haben mehr als eine Frau, auch weil sie so viele Nachkommen wie möglich haben möchten. Aber jede dieser Frauen verlangt die gleiche Aufmerksamkeit. Was einen Mann durchaus überfordern kann.

Jacob war erfolgreicher Autoteilehändler aus dem Dorf von Victors Vater und klassischer Patriarch: Er hatte zwei Frauen und viele Kinder. Jacobs Unglück begann mit Frau Nummer drei, die wesentlich jünger als die beiden anderen war. Sie stellte wohl etwas zu hohe Anforderungen an den Mittvierziger. Da die Mitfrauen sich aber lebhaft über ihre Erfahrungen austauschten, sprach sich Jacobs Versagen blitzschnell herum. Und im Handumdrehen lächelte das gesamte Dorf über ihn. Daraufhin suchte er selbstverständlich die Hilfe des Medizinmanns seines Vertrauens. Dessen Kräuter brachten Jacob aber nicht wieder auf Vordermann. Automatisch zogen auch die anderen Männer Rückschlüsse auf die gesamte Person: Der impotente Jacob galt ihnen nicht mehr als vertrauenswürdig. Das ging so weit, dass sie ihn als Geschäftspartner mieden. Die Ursache der Misere: Seine Frauen hatten ihn in diesem Dilemma sich selbst überlassen.

Eine liebende Frau hat für solche Situationen zahllose Tricks parat, um einen vom Liebesstress geschwächten Mann wieder aufzupäppeln. Das reicht von intimen Massagen über spezielle Opferungen bis hin zur Verabreichung der geeigneten Naturmedizin. Beliebt sind beispielsweise die Damianapflanze oder der Yohimbebaum. Die Einnahme von dessen geraspelter Rinde soll entsprechende Wirkung zeigen. Frauen, die ihren Mann nicht ins offene Messer sozialer Ächtung laufen lassen wollen, befragen Heiler und Zauberer: Manch pulverisierte Wurzel beseitigt Impotenz unter Umständen unauffällig – zum Beispiel in Bier aufgelöst. Oder in einem aufwändigen öffentlichen Ritual, wenn schon das halbe Dorf Bescheid weiß. Dann wird ein kräftiger Ziegenbock geopfert und werden seine Hoden unter Anrufung der zuständigen Geister verspeist, nachdem die Ehefrau sie kunstgerecht lukullisch verfeinert hat. Dazu werden höllisch scharfe Pfeffersorten verwendet, denn die stehen im Ruf, die Wirkung zu potenzieren. Ob nun das Gemächt des beklagenswerten Tieres seine Fruchtbarkeit tatsächlich auf den Geschwächten überträgt oder einfach nur der Glaube daran – das will niemand so genau wissen.

Weisheit wohnt nicht nur in einem Haus.

Sprichwort aus Benin

Die drei Göttinnen der Frauen

Eine der interessantesten Frauen, die ich in Lagos kennen lernte, war Yemi. Vielleicht verbrachte ich deshalb so viele Abende in ihrem Haus und dem ihres Mannes Abiola, weil ich als Tochter einer Krankenschwester ein enormes Interesse an Medizin habe. Yemi war Krankenschwester, die sich in Berlin zur Hebamme hatte ausbilden lassen. Abiola hatte zur gleichen Zeit Tiermedizin studiert und betrieb inzwischen in Lagos eine Praxis. Ebenso wie ihr Mann stammte Yemi aus einem Dorf gut hundert Kilometer nordwestlich von Lagos. Sie war katholisch getauft und trug auch ein kleines goldenes Kreuz als Anhänger um den Hals. Ich hatte Yemi bereits einige Male besucht, bevor ich ihr meine Hilfe bei der Kostenkalkulation ihres geplanten Geburtshauses anbot.

In einer Ecke des Arbeitszimmers, das sie sich mit Abiola teilte, stand ein kleiner geschmückter Tisch mit alten Schwarzweiß Fotografien in dunklen Holzrahmen und bunten Polaroids ihrer vier Mädchen. Die beiden lustigen bunten Windräder ließen mich das Ganze zunächst für eine Spielecke halten. Dann sah ich die in Porzellanschalen bereitliegenden Früchte – rote Weintrauben, Pflaumen, Auberginen und Kokosnüsse. Daneben lagen einige runde Steine. Der kleine, mit einer blassrosa Decke geschmückte Tisch wirkte sehr aufgeräumt. Yemis Jüngste waren drei und ein Jahr alt: Dies Ensemble hatte keine Kinderhand berührt. »Das ist mein

Altar«, sagte Yemi zwanglos. Darauf standen weder Kreuz noch Marienbild, nichts, das an christliche Tradition gemahnte.

Yemi erklärte mir, dass ihre Familie dem großen nigerianischen Volk der Yoruba entstammte. Alten Geschichten zufolge errichteten die Yoruba bereits vor Jahrtausenden ein mächtiges Königreich, von dem heute nur noch ein paar Bronzeplastiken Zeugnis ablegen. Eine Zeit lang hatten Völkerkundler gehofft, im untergegangenen Königreich der Yoruba das lange gesuchte Atlantis entdeckt zu haben. Außer den hochwertigen Kunstgegenständen, für die bei seltenen Versteigerungen ohne weiteres Summen jenseits der 100 000-Mark-Grenze erzielt werden, ist nur noch Ifa, der Glaube der Yoruba, erhalten geblieben.

Yemi hielt diesen Glauben mit ihrem kleinen Altar lebendig. Wie bei anderen Religionen, die aus der direkten Auseinandersetzung des Menschen mit der Natur hervorgegangen sind, ist eines der Hauptmerkmale des Ifa-Glaubens die Verehrung der Ahnen, deren Andenken lebendig zu halten ist. Darum die alten Fotos auf Yemis Altar.

In der Ifa-Religion hat jeder Gläubige einen speziellen Schutzgeist, seinen Orisha. Über den Orishas steht nur der große Gott Oludumare, dem die Orishas dienen. Das erinnert entfernt an die Schutzpatrone und Heiligen der katholischen Kirche, weshalb nicht nur meine Freundin Yemi keine Probleme hatte, Katholizismus und Ifa unter einen Hut zu bringen. Ihr Glaube »funktionierte« aber wesentlich lebensnaher: Da er aus dem Zusammenleben mit der Natur entstand, entspricht jede Energie, die die Menschen in der Natur entdeckten, einem Orisha. Davon existieren 400. Die Stars in diesem Himmel voller Geister sind Shango, der Orisha des Donners – als solcher ist er für Kriege zuständig; Ogun, der Orisha des Metalls und somit des Straßenverkehrs; Obatala, der Orisha der Klarheit und zuständig für den Bereich der Rechtsprechung.

Die Lebensnähe von Ifa zeigt sich auch darin, dass jeder Mensch einen Orisha hat, der ihm entspricht; eine Energie in der Natur, die in ihm herrscht. Das lässt sich sehr einfach feststellen: Manche lieben eher das wilde Meer, andere das sanfte Plätschern des Bachs, die Dritten die beschauliche Ruhe eines kleinen schilfbestandenen Sees. Nachdem Yemi mir diese Grundgedanken erklärt hatte, stellte sie mir ihre Orishas vor. Denn Oludumare, der große Gott der Ifa-Religion, hatte den Frauen, ihren wesentlichen Charaktereigenschaften entsprechend, gleich drei dieser Göttinnen zur Seite gestellt.

Yemis Orisha, dem ihr Altar geweiht war, hieß Oja (Betonung auf -ja), die Göttin des Windes und damit der Veränderung. Frauen in ihrem Zeichen sind temperamentvolle, überschäumende Energiebündel, die ständig voller neuer Ideen stecken und sie auch verwirklichen. So wie Yemi. Krankenschwester zu sein reichte ihr nicht. Sie wurde Hebamme, dazu allerdings wechselte sie nach Deutschland. Zurück in Lagos stellte sie fest, dass das Geburtswesen in Nigeria dem deutschen Standard hoffnungslos hinterherhinkte. Also baute sie gemeinsam mit anderen Frauen ein Geburtshaus auf, in dem sie Schwangere bereits vor der Entbindung beriet, in Nigeria noch heute höchst ungewöhnlich. Eine Oja-Frau, die ständig ihre Grenzen sucht (und jene ihrer Umgebung), hat kein ausgeglichenes Temperament und kämpft mit manchem Wutanfall.

Traditionell sind Oja-Frauen Markthändlerinnen, die in der Lage sind, Reichtümer anzuhäufen. Würde Oja aus Afrika in unsere westliche Welt umsiedeln, sie würde zweifellos im Marketing arbeiten, würde einen neuen Radiosender leiten oder ein E-Commerce-Projekt im Internet hochziehen. Bloß kein Stillstand, immer an der Spitze einer neuen Idee stehen. Wer einer Oja-Frau folgt, demgegenüber ist sie loyal. Wer nicht, dem zeigt sie ihre stürmische (manchmal vernichtende) Seite. In der Mythologie steht Oja für den Übergang vom Leben zum Tod, was ihr Stärke verleiht. Diese düstere Seite drückt sich auch in der Wahl der Kleiderfarben aus: Eine Oja-Frau liebt schwarze Kleidung, manchmal auch braun-, grau- oder schlammfarbene. Der passende Ort für einen Oja-Altar ist das Arbeitszimmer. In der griechischen Mythologie (in der Interpretation nach C.G. Jung) kommt Oja Artemis oder Diana, der Göttin der Jagd, am nächsten.

In Yemis Nachbarhaus wohnte Mary. Sie war das genaue Gegenteil von Yemi. Mary war stolz auf ihre Pfunde, kleidete sich bunt, veranstaltete laute Partys, über die Yemi sich ständig beschwerte. »Mary ist eine typische Oshun-Frau«, sagte Yemi. »Frauen wie ich können Oshun-Frauen nicht ausstehen«, setzte sie hinzu. Gleichzeitig amüsierte sich Yemi über ihr Urteil und milderte es dadurch ab. Auf meine Frage nach Oshun erzählte sie mir den alten Mythos der Ifa-Religion, der sehr anschaulich eine stets aktuelle Auseinandersetzung unter Frauen schildert: Oja, die Göttin, hatte ihren ersten Gemahl, den Eisen-Gott Ogun, verlassen und war zum Donner- und Blitze-Gott Shango gezogen. Doch der begann eine Affäre mit Oshun. Oja ersann Listen, um Shango zurückzugewinnen – vergebens. Oshun blieb Siegerin. Oja behielt lediglich Shangos Requisiten zum Feuermachen – die Steine. Deshalb lagen sie auch auf Yemis Oja-Altar.

Während die Olorishas (die Verehrerinnen) Ojas eher Kopfmenschen sind, sind jene von Oshun Genießerinnen, die aus dem Bauch heraus leben. Sie sind sinnlich, lieben Düfte, Schmuck, bunte Kleidung und gutes Essen. Sie feiern gerne und ausgiebig. Hexerei, natürlich auch um einen Mann zu verführen, ist die große Stärke Oshuns.

Ihre Kinder überlässt sie zum Aufziehen allerdings ihrer Mutter Jemonja. Bei Afrikanern gilt Oshun deshalb keinesfalls als Rabenmutter. Großmütter ziehen ihre Enkel liebend gern auf. In Oshuns Fall – in der Mythologie die Göttin der Flüsse und somit der Fruchtbarkeit – ist dies Verhalten sogar gewünscht. Und wie soll diese Göttin begehrenswert erscheinen, wenn stets Kinder an ihrem *wrapper* hängen? Eine Oshun-Olorisha liebt es, bewundert zu werden, und ihre Arbeit sucht sie in der Öffentlichkeit. Bevorzugt arbeitet sie auch in Afrika als Model, PR-Frau oder natürlich als Schauspielerin. Hauptsache, sie gefällt und fällt auf. Ihre Farbe ist Gelb, der Idealschmuck die Koralle. Oshun ist eine Genießerin, ein echtes Leckermaul. Olorishas dieser Göttin haben auf ihrem Altar Kekse, Süßigkeiten, Honig, süße Äpfel, Feigen und Dessertwein. Auf jeden

Fall gehören Kaurischnecken dazu, denn die Vulva-Form der Kauri gilt als Fruchtbarkeitssymbol. Küche und Schlafzimmer sind der Mittelpunkt Oshuns; dort steht ihr Altar. Im Voodoo, das sich aus der Ifa-Religion ableitet, ist Oshun als die sagenumwobene Erzulie, die raffiniert-verführerische Liebesgöttin, bekannt. Ihr entspricht in der griechischen Mythologie die Göttin der Schönheit Aphrodite oder Venus.

Wie im Leben, so im Mythos: Zwei so unterschiedliche Frauen-Gestalten wie Oshun und Oja sind Schwestern. Ihre Mutter heißt Jemonja (oft auch Yemaya). Sie ist nicht nur ihre Mutter, sondern die Urmutter allen Lebens – und nebenbei die Mutter von 13 weiteren bedeutsamen Orishas. Im Mythos der Ifa-Religion heißt es, dass sie schon auf der Erde war, als der große Gott Oludumare noch schlief. Denn Jemonja war das Wasser, das die Erde bedeckte. Keine Naturreligion kommt an dieser großen Göttin vorbei. Aber sie wird mit unterschiedlichen Namen belegt. Bei den Priesterinnen, die mich im Geheimbund auf meine Aufgabe als Victors Frau vorbereiteten, hieß sie Mammy Water, die Mutter allen Wassers. Im Voodoo heißt sie als Geist des Meeres Agwé, bekannter allerdings ist bei den Voodoo-Anhängern Jemonjas männliche – und damit zerstörerische – Seite, der Friedhofswächter Baron Samedi.

Jemonja, so wie Yemi sie mir beschrieb und wie ich sie auch als Mammy Water kennen lernte, ist die Göttin der Mütterlichkeit: verzeihend, nachgiebig, kinderlieb, häuslich, tröstend und sehr gefühlsbetont. Jemonja verlangt Liebe, Respekt und Ehrerbietung. Wird ihr das versagt, zeigt sie ihre andere Seite: Sie verfügt über die zerstörerische Kraft des Meeres – durch Flutwellen vernichtet sie das von Menschen in Jahrzehnten Erbaute. Das passiert, wie wir wissen, selten. Jemonja ist von stiller, aber nie endender Energie. Ihre Farben sind Blau und Weiß, ihr Schmuck sind kristallklare Perlen oder Silber. Jemonjas Olorishas stellen ihren Altar entweder in der Küche oder im Schlafzimmer auf. Frauen, die entdeckt haben, dass diese Göttin ihrem Naturell am meisten entspricht, schmücken ihren Jemonja-Altar mit vielen Muscheln und einer großen Schale frischen Wassers, das langsam verdunstet (das schafft, nebenbei, ein günstiges Raumklima: die Ausübung einer Naturreligion hat oft praktische Seiten). Jemonja liebt Früchte wie helle Weintrauben und Honigmelonen, Getränke wie Fruchtsäfte und Bier. In Afrika vergießt eine Jemonja-Anhängerin deshalb vor jeder Mahlzeit ein paar Tropfen davon auf den Boden, wo sie versickern. Im Berufsleben trifft man Jemonja-Frauen als Vorarbeiterinnen oder als kraftvolle Zuarbeiterinnen im Hintergrund starker Männer. In der griechischen Mythologie kommt Hera ihrem Typ am nächsten.

Vielen Frauen, so berichtete mir Yemi, fällt es nicht leicht, sich einem Typ zuzuordnen. Mir selbst geht es genauso: Zwar wurde ich als Vorbereitung für die Hochzeit mit Victor in die Jemonja entsprechenden Gebräuche des Mammy-Water-Kults eingeweiht und habe heute auch wieder einen Altar zu Hause, mit dem ich Mammy Waters Wohlwollen erbitte. Aber mein Leben lang spürte ich in mir auch viele Wesenszüge, die eher dem Olorisha-Typ Oja entsprechen. Wer sich mit Astrologie beschäftigt, weiß, dass das eigene Sternzeichen definiert wird durch den Aszendenten. Die von C. G. Jung aufgestellte Lehre der Archetypen, die von seiner Schülerin Jean Shinoda Bolen neu belebt wurde, besagt Ähnliches: In den wenigsten Menschen ist nur ein einziger Grundtyp verwurzelt. Sie herauszufinden macht einen selbstkritischer und eröffnet die Möglichkeit, eigene Fehler leichter korrigieren zu können.

Abgesehen davon bereichert es auch das Liebesleben. Ein Beispiel: Oja und ihr Mann Shango – so besagt es die Mythologie der Ifa-Religion – wissen beide um die Kunst des Blitzeschleuderns. Zwei Menschen, die diesen Götter-Typen entsprechen, werden in ihren Beziehungen ein permanentes Donnerwetter erleben, weil sie sich einfach zu ähnlich sind. Beide haben ein überschäumendes Temperament, das in seinen Auswirkungen purer Egoismus sein kann. Wenn eine Beziehung trotz aller Bemühungen nicht zur erstrebten Harmonie findet, kann es also daran liegen, dass die Grundtypen nicht zusammenpassen.

Pragmatisch wie die Ifa-Religion nun mal ist, erlaubt sie einem durchaus, Altäre für zwei oder auch mehr Orishas im Haus aufzustellen. Dann jedoch müssen sie gleichermaßen verehrt werden. Sonst reagieren die Götter sehr menschlich – mit Eifersucht. Es führt natürlich viel zu weit, all die anderen 397 Orishas vorzustellen, für die Anhängerinnen des Ifa-Glaubens in ihren Häusern Altäre errichten. Die drei Göttinnen der Frauen stehen nur den Frauen bei, die übrigen auch den Männern, den Kindern, der gesamten Familie und – ganz wichtig – dem Haus. Für meine afrikanischen Bekannten sind ihre Orishas real lebende Figuren, die jeden Tag ihre kleinen Aufmerksamkeiten brauchen. Und manchmal auch größere, wenn es um wichtige Dinge geht wie eine Hochzeit, den Kauf eines Autos, den Bau eines Hauses und erst recht die Geburt eines Kindes. Um solchen Vorhaben ihre Gunst schenken zu können, begnügen sich die Orishas nicht mit Früchten, leichten Getränken, süßem Wein oder scharfem Schnaps, dann müssen Tiere geopfert werden.

Ich habe dieser Opferung von Tieren anfangs mit gemischten Gefühlen beigewohnt – weil ich sie nicht in ihrem Sinnzusammenhang gesehen habe. »Das Blut des Opfertieres stellt die Brücke zu den Ahnen her«, erklärten die Priesterinnen. Aber wie ist das zu verstehen? Sie erinnerten mich daran, dass alles auf der Erde miteinander verbunden ist: Will ich einen Ast vom Baum, gebe ich dem Baum Wasser. Dieses Prinzip prägt auch den Umgang mit den Orishas – wie gesagt: Es sind keine abstrakten Wesen, sondern lebendige. Bitte ich als Afrikanerin die für die Empfängnis zuständige Göttin Oshun, mir meinen lang gehegten Kinderwunsch endlich zu erfüllen, so opfere ich ihr einen Süßwasserfisch oder ein Huhn, in besonders schweren Fällen – manch afrikanischer Mann macht den Fortbestand einer Ehe von Kindern abhängig – auch eine Ziege. Je schwerer das Opfer der Schenkenden fällt, desto größer seine Bedeutung; die Orishas kennen ihre Schützlinge und wissen das Opfer entsprechend zu würdigen. Nie wird ein beliebiges Tier einem beliebigen Orisha geschenkt. Die Orishas haben gewisse Vorlieben, die die Olorishas kennen.

Das vergossene Blut sickert in die Erde, dem Ort, an dem die Ahnen wohnen. Diese stehen ebenfalls in engem Kontakt zu den Orishas und legen bei ihnen ein gutes Wort für die Wünsche der Lebenden ein. Das bildet die »Brücke«. Um sie »überschreiten« zu können, müssen die Ahnen angerufen werden, zum Beispiel mithilfe von Trommeln oder Rasseln. Die Ahnen fordern für ihre Vermittlertätigkeit auch ihren Tribut, und zwar in Form von weiteren Opfern. So erklärt sich, dass ein Opferfest sich mitunter tagelang hinzieht. Bis endlich alle beteiligten Parteien zufrieden gestellt sind – die Lebenden und die Toten, die Götter und die Geister.

Ich habe in Nigeria verschiedene solcher Opferfeste erlebt. In Lagos waren die Opfer allein schon deswegen üppiger bemessen, weil die Menschen mehr Geld zur Verfügung hatten. Für die Gesundheit von Johns Bruder mussten zwei Ziegen sterben. Bei einem *babalawo* nördlich von Lagos, zu dem mein damaliger Ehemann John mich geschleppt hatte, mussten zwei Fische ihr Leben lassen: Es ging darum, unsere Ehe zu retten. Die Fische starben einen sinnlosen Tod – John hatte bereits eine neue Freundin. Bei den Priesterinnen im Urwald reichte ein Hahn, um die Göttin gnädig für meine Aufnahme ins Initiationslager zu stimmen. Wann auch immer ich einem dieser Feste beiwohnte, es waren fröhliche Feste. Egal wie ernst der Anlass war. Die Menschen tanzten zum Klang der Trommeln, tranken und schwatzten viel. Nicht selten lernten sich Menschen bei diesen Festen kennen und verließen den Festplatz als Paar. Der Glaube wird ernst genommen, aber das Schöne daran ist – man merkt es in all dem sinnenfrohen Trubel nicht.

Meine Freundin Yemi sagte mir damals, als wir an ihrem Oja-Altar standen, dass die Ifa-Religion einen wunderbaren Grundsatz kennt: »Jeder Mensch hat das Recht, glücklich und erfolgreich zu sein.« Damit das nicht zu einer Ellenbogen-Mentalität missrät, gilt die Einschränkung: »Du darfst nichts beginnen, das einem anderen Menschen schadet.« Die Probleme entstehen erst, wenn sich viele Menschen nur an den ersten Satz halten und den zweiten vergessen. Dann lässt sich das Wissen um die Verbindungen zwischen

Mensch, Tier und Pflanze, das diese umfassende Religion lehrt, missbrauchen. Gerade der aus Haiti bekannte Schrecken, der von der schwarzen Magie ausgeht, ist Beispiel für diesen Missbrauch. Der Ursprung des Voodoo liegt in der sanften, praktischen und fröhlichen Ifa-Religion aus Südwest-Nigeria.

Reich ist der Wissende.
Sprichwort aus Kamerun

Die Kraft der Elemente

Die eigene Göttin kennen zu lernen erleichtert den Umgang mit afrikanischer Magie. Jedoch: vom Himmel gefallen sind die Göttinnen ebenso wenig wie die Götter. Sie haben ihren Ursprung in der Natur und damit in den Elementen.

Im weit verzweigten Deltagebiet des Flusses Niger machte ich mich auf die Suche nach den Grundlagen, auf die sich der Glaube an die vielen Gottheiten beruft. Von Victors Palast aus begleiteten mich einige junge Frauen auf einem stundenlangen Marsch durchs Grasland, bis wir endlich im Regenwald eintrafen. Dort, inmitten eines grünen Labyrinths, lag verborgen der Tempel der Wassergöttin Mammy Water. Es war das größte Haus der kleinen, ansonsten aus runden Lehmhütten bestehenden Siedlung. Die Göttin des Wassers war keineswegs die einzige, der ein Tempel geweiht war, wenngleich es der am reichsten verzierte war. Jeder dieser Tempel war liebevoll mit Altären ausgestaltet. Betreut wurden sie von Priesterinnen, die nur ihrem jeweiligen Naturgeist dienten: Es gab kleinere Tempel für die Geister von Erde, Luft und Feuer.

Denn es sind die vier in der Natur vorherrschenden Elemente, aus denen der Mensch gemacht ist. Die Erde stellt sozusagen das Basismaterial – unseren Körper mit Fleisch, Fett, Muskeln, Blut. Das Wasser steht für den Lebensfluss, konkret: die inneren Organe. Die Luft repräsentiert den Geist, die Erfindungsgabe, die Intelligenz;

das Feuer ist die Seele, jener Funken, mit dem das Leben seinen Anfang nimmt. Die Priesterinnen, die mich dies lehrten, verehrten das fünfte Element – das Mineral – nicht, da es für sie ein Bestandteil der Erde ist.

Manche afrikanischen Stämme, wie die Dagara in Burkina Faso, belegen das Mineral mit eigenen, männlich geprägten Gottheiten. Kulte, die die Weiblichkeit in den Mittelpunkt stellen, predigen eine »softere« Weltsicht: Für die metallenen Töpfe, die sie Mutter Erde verdanken, preisen sie die gütige Mutter der Erde und nicht den Gott des Eisens. Denn der lässt es auch zu, dass aus Eisenerz Waffen hergestellt werden.

Die wissenden Frauen des Geheimbundes ordnen die vier Elemente vier Göttertypen zu: Mammy Water (in der Ifa-Religion Jemonja) ist das Wasser, das urweibliche Element der Fruchtbarkeit. Organisch steht dies Element für den Kreislauf, das Lymphsystem, die Nieren, die Hormone. Im übertragenen Sinne sind die Wassermenschen anpassungsfähig, aufnehmend, zerstreuend, tiefgründig, sinnlich, rätselhaft, allerdings auch leicht verletzt und beleidigt und sie hassen Lügen. »Wasser-Menschen« brauchen viel Liebe, sie werden gerne verhätschelt und umsorgt. Menschen, die sich dem Wasser am meisten verbunden fühlen, werden in der Partnerschaft zumeist die Anpassung suchen. Sie verwöhnen mit Getränken, durch Bäder und Massagen ... Liebesrituale, die einen starken Bezug zum Wasser haben.

Da sind Frauen, die die Luft als ihr Element erkannt haben, anders gestrickt. Sie lieben die Unabhängigkeit, viele Freundschaften mit anderen Frauen, anregende Gespräche. Denn Luft steht für die Kraft des Gehirns und der Sprache, aber auch die kontrollierende Vernunft. »Luftmenschen« sind schnell, ungeduldig, unvorhersehbar, gesprächig, neugierig, lieben neue Ideen, lesen gerne; sie (und ihre Umwelt) leiden unter Stimmungsschwankungen, leider auch unter Eitelkeit. Ihr sinnliches Erleben läuft entsprechend: Neue Gerüche, in Afrika in Form der beliebten Räucherungen, bei uns als Parfüm, probiert zuerst die »Luftfrau« aus, um sie dann ihren

Freundinnen zu empfehlen. In Afrika sind sie die Geschichtenerzählerinnen, in unseren Breiten jene, die die Buchhandlungen nach neuer Literatur durchstöbern und gern ihr angesammeltes Wissen zur Schau stellen. Ein Mann, der eine Frau dieses Elements verehrt, wird zuhören, wenn sie ihre Gedanken darlegt, ihr ins Theater, Kino und zum Essen folgen. Körperliche Berührungen mag sie an den Stellen, von denen bei ihr (oftmals) die Erotik ausgeht: Stirn, Augenpartie, Schläfe. In der Ifa-Religion ging der Frauen-Typ Oja aus dem Element Luft hervor.

Den Anblick jener Priesterin, die im Geheimbund dem Element Erde diente, werde ich nie vergessen: Sie war eine große, fleischige Frau mit zupackenden Händen. Obwohl es heißt, die Erde wäre eine Mutter, so brachte ich diese Frau weniger mit einer liebenden Mutter in Verbindung (wofür ja auch das sich anpassende Wasser zuständig ist) als mit der erziehenden, strengen. Wenn der Erde ein Tierkreiszeichen am besten entspricht, dann wohl der Stier: Erde ist fest, geduldig, stur. Erdmenschen sind deshalb in der Realität verwurzelt, mögen ein gemütliches Heim, Beständigkeit, Luxus und Reichtum. Ihre Stärken liegen in der Beständigkeit und Hartnäckigkeit. Übertriebene Flexibilität ist ihnen ein Gräuel. Organisch steht dies Element für Haut, Knochen, Verdauung und damit für Widerstandskraft. Frauen, die sich der Erde verbunden fühlen, lieben ein schönes Zuhause mit Haustieren, luxuriösen Stoffen und kostbaren Möbeln. Sie kochen traditionsbewusst und lieben ihren eigenen Garten. Eine »Erden-Frau« gilt als die ideale Begleiterin, wenn es im Leben einmal stürmisch zugeht: Sie steht mit beiden Beinen fest auf dem Boden. Liebesrituale dieses Frauentyps sind von gemütlicher Schlichtheit – zumindest im Ansatz. Aber aus einer entspannenden Massage darf auch ein erotisches Spiel der Leidenschaft werden.

Entscheidend ist, welches weitere Element in einem Menschen steckt, zum Beispiel das Feuer. Und das hat es in sich. Die Priesterinnen des Geheimbundes hatten dem Geist des Feuers einen offenen Altar, gewissermaßen unter freiem Himmel, errichtet, damit der leidenschaftliche und zügellose Geist des Feuers nicht sein eigenes Haus abfackelt. Das Feuer kam durch die Sonne auf die Erde. Die Priesterinnen sagten: »Im Tanz wohnt der Gott des Feuers.« Wer tanzt, weckt diese uralte Energie, bringt somit »die Sonne zum Drehen«. Diese Energie fließt in die Erotik. Sonne, Feuer und Sexualität sind deshalb untrennbar miteinander verbunden. Der »göttliche Funke«, der in jedem wohnt, meint die Seele, die durch diese Verbindung in den Körper gebracht wird. In den Organen entspricht das Element Feuer den vitalen Funktionen des Körpers: dem Herz und den Geschlechtsorganen. Feuermenschen sind schöpferisch, vital, aufbrausend, aber auch verzehrend. Sie lieben Aktion um der Aktion willen. Feuer ist ein eher männliches Element, was nicht heißt, dass es Frauen nicht in sich haben könnten. Ihm entspricht die Trommel, und die darf deshalb auch nur von Männern geschlagen werden – unter Afrikas Traditionalisten jedenfalls. Sinnlichkeit und Erotik der »Feuer-Frauen« richtet sich nach ihrem bevorzugten Element: Die erotisch aufgeladenen Tänze um das offene Feuer sind die beste Gelegenheit, die eigene Körperlichkeit zu erleben – und zur Partnersuche. In unseren Breiten lieben »Feuer-Frauen« Kerzenlicht und Kaminfeuer, bunte Garderobe, Dessous, offene Haare, kräftiges Make-up, leidenschaftliche Musik.

Das theoretische Wissen um den eigenen Elementtyp wird praktisch benutzt. Zum Beispiel so, wie es mir die Priesterin des Elements Luft im Einweihungslager beigebracht hat: eine Übung, die mit einem tiefen Seufzer beginnt. Die Priesterin wies mich an, mich auf den Boden zu legen, mich zu räkeln, zu entspannen und dabei weiterzuseufzen. Das Seufzen wird nur anfänglich absichtlich produziert, dann dringt es von selbst nach außen, eingebettet im Atem. Dann wird tief ein- und ausgeatmet, dazwischen gesummt und leise vor sich hin gesungen. Der Atem und das Summen fließen von der Brust in den Bauch. Zum Abschluss liegen die Hände auf dem Brustkorb und der Atem fließt wie immer. Diese Übung entspannt und lässt einen wieder auf Atem und Gefühle hören. Und die Seufzerei brachte mich mit zwei Elementen in Verbindung, mit der Luft und der Erde.

Ich lebe jetzt in Deutschland – fern dem Urwald – und habe schon versucht, die Übung während eines Waldspaziergangs auszuführen, um die Kraft der Erde besser fließen zu spüren. Ich bin dabei jedoch immer etwas gehemmt und ziehe es deshalb vor, in den eigenen vier Wänden gottergeben zu seufzen. Das Erden-Element kommt dabei zwar zu kurz; da ich mich jedoch ohnehin der Luft verbunden fühle, tut ein Mehr an Sauerstoff mir »besser«. Denn wie ich seit meiner Einweihung weiß: Der Lebensatem meines Elements Luft gibt mir neue Kraft, wenn ich mich ausgepowert fühle. Da ich gleichermaßen vom Wasser bestimmt bin, regeneriere ich meine Körperkräfte ebenso gerne mit einem Bad. Richtig wohl fühle ich mich – Sie ahnen es – natürlich am Meer. Als ich mit einer Freundin Urlaub an der See machte, bekam diese Migräne. Denn sie ist alles andere als der Wind-und-Wasser-Typ. Eine Kur mit heißen Moorpackungen unterstützt ihr Element wesentlich besser: Das eigene Element zu kennen und danach zu leben erleichtert den Alltag.

Zum Verständnis der umfassenden Energie, die nach afrikanischer Ansicht alles beseelt, gehören auch die vier Himmelsrichtungen. Die Priesterinnen suchten sich zur Ausübung der Zeremonien den geeigneten Platz stets unter diesem Aspekt aus.

Die Kraft des Nordens steht für Erneuerung, Stimulation, Reinheit und Klarheit. Sie dient dem Geist und der Intelligenz – folglich entspricht dem Norden als Element die Luft. Rituale, die Kraft für einen Neuanfang geben und Schmerzen, Kümmernisse sowie Enttäuschungen überwinden helfen sollen, werden ausgeübt, indem man sich gen Norden ausrichtet. Die Farbe des Nordens ist so weiß und klar wie das Licht, kurz bevor die Sonne ihre warmen Strahlen auf die Erde schickt.

Die Farbe des Westens ist jenes Schwarz der Nacht, das dem Sonnenuntergang folgt, und sein Element die ausharrende und beständige Erde. Ein Ritual, das ich im Urwald lernte, veranschaulicht die Kraft des Westens. Dazu setzte ich mich an einen Fluss, da mein persönliches Element das Wasser ist. Ich sah zu, wie die Sonne unterging. Auf diese Weise verband ich die Kraft des eigenen Elements mit jener der Himmelsrichtung. Die Priesterin erklärte dazu, dass das Versinken der Sonne zwar einerseits für das Ende eines Tages steht, sich andererseits aber auch damit die Hoffnung auf einen Neubeginn verbindet. Somit steht der Westen traditionell für die Hoffnung. Da das Morgen aus dem Gestern entsteht, liegt im Sonnenuntergangsritual die beste Gelegenheit für Innenschau und Festigung, die innere Bilanzierung und das Wiederfinden der eigenen Lebensbalance. Derart positiv gestimmt gewinnen Körper und Geist die Kraft für neue Ausdauer.

Die Kraft des Ostens findet sich im Element Feuer. Sie steht für neues Licht und somit die Hoffnung, ist der Geist und die Spiritualität. Die Farbe des Ostens ist Gelb. Mich lehrten die Priesterinnen den speziellen Sonnengruß, mit dem ich morgens gen Osten gewandt – nach Möglichkeit bei geöffnetem Fenster – den neuen Tag mit positiven Gefühlen willkommen heiße: Ich lasse mir die Sonne ins Gesicht scheinen, feuchte meine Hände mit ein paar Tropfen Wasser aus der Schale meines Mammy-Water-Altars an, verreibe die Feuchtigkeit in den Handflächen leicht und puste sanft hinein. Während die Sonnenstrahlen die Feuchtigkeit ganz trocknen, denke ich über die Pläne und Vorhaben des vor mir liegenden Tages nach. Seitdem ich mir die fünf Minuten für dieses kleine Morgenritual gönne, stolpere ich nicht mehr hektisch in den Tag hinein.

In Afrika waren es das kraftvolle Licht der Sonne und die Geräusche der erwachenden Natur, die mich positiv stimmten. In meiner gegenwärtigen städtischen Umgebung höre ich gelegentlich das Heulen von Signalhörnern. Aber auch das Zwitschern von Amseln oder Spatzen – sobald ich entspannt genug bin richtig hinzuhören. Dazu muss ich mich auf meine Umgebung einlassen und sie nicht durch eine negative Haltung ablehnen, die dann den Tag prägt. Gerade wenn die Umgebung nicht ständig angenehme Schwingungen erfüllen, hat die positive persönliche Grundeinstellung eine umso größere Bedeutung. Das Ziel sollte sein, die positive Lebenseinstellung Afrikas so weit als möglich in unseren Alltag zu holen, um daraus neue Energie zu schöpfen.

Die Kraft des Südens, dessen Farbe Rot ist, steht für Wachstum, Entdeckung, Gelehrigkeit und die Entfaltung des intuitiven Wissens. Sie dient den Emotionen, der Nähe und Lebenskraft. Ähnlich dem Element Wasser, dem der Süden entspricht, soll sie jenen, die sich in Ritualen dem Süden öffnen, eine gewisse Anpassungsfähigkeit den Zwängen des Lebens gegenüber verleihen. Das Ritual, das mich die Priesterinnen lehrten, veranschaulicht das bildhaft: Als ich mich im Licht der heißen Mittagssonne niedersetzte, um trommeln zu lernen, kämpfte ich mit Durst, Hitze und der Angst zu versagen. Es dauerte lange, bis ich diese Plagegeister akzeptierte und einen eigenen Rhythmus fand. Dann floss die Kraft des Südens durch mich und ließ mich eins werden mit dem Instrument und dem Boden, auf dem ich saß. Schließlich hatte ich keine Angst mehr, etwas falsch zu machen. »Du sollst innerlich wachsen und dabei Weisheit erlangen«, sagt die Ifa-Religion der Yoruba. Das gelingt nur, wenn man sich einer schwierigen Situation ergibt, um sie meistern zu können: Die Priesterinnen lehrten mich, innerlich geöffnet einer neuen Erfahrung entgegenzutreten, anstatt mich ihr zu verschließen oder gar davonzulaufen. Obwohl die heiße Sonne des Südens und das Wasser auf den ersten Blick so gegensätzlich erscheinen, finden sie unter diesem Aspekt dennoch zusammen.

Elemente und Himmelsrichtungen sind aus diesen Gründen ein wichtiger Bestandteil, wenn Afrikanerinnen Rituale ausüben. Wer zum Beispiel ein kleines *juju*, ein Zaubermittel, fertigt, um die Liebe eines anderen Menschen zu gewinnen, tut dies im Zeichen des Westens, der Hoffnung, der er sich zuwendet. Und eine der Farben, die dies *juju* oder Liebesamulett tragen wird, ist Schwarz. Schwarz wie jenes, das ich seinerzeit von John bekam. Zufälle gibt es in der Magie nicht – es hat alles einen Sinn und Zweck und ist eng miteinander verknüpft.

Keine Kuh wird mit Hörnern geboren.
Weisheit aus Tansania

Die Ohrfeige im Dunkeln

Yemi hatte mich in ihr Heimatdorf mitgenommen, weil ihre Nichte Selia erkrankt war. Yemis Wissen um westliche Heilmethoden mithilfe von Antibiotika hatten den Zustand der Zwölfjährigen relativ schnell stabilisiert. Am folgenden Tag wollten wir wieder nach Lagos zurückreisen.

»Lass uns noch einen Tag bleiben«, sagte Yemi am Vorabend unserer Abreise, »Kehinde wird morgen wahrscheinlich ein Opferfest abhalten.«

Ich sah Yemi verblüfft an: »Wieso wahrscheinlich?«

»Kehinde sagt, morgen wird es ein schreckliches Gewitter geben.« Ich sah zum Himmel hoch – er war blau und wolkenlos. »Das Orakel hat es ihm gesagt«, meinte Yemi. Sie lächelte: »Aber morgen kann auch heißen, der Tag nach morgen.«

»Ist denn das Opferfest so besonders?«, fragte ich, noch geprägt von meinem Zeitplan als Managerin.

»Selias älteste Schwester wünscht sich Zwillinge. Kehinde wird seinen Orisha Shango anrufen, damit er Ofikis Wunsch erfüllt.«

»Bei Gewitter?«, fragte ich skeptisch. Vor den Unwettern in Nigeria hatte ich einen ziemlichen Respekt. Die sich vom Himmel ergießenden Regenmassen gleichen biblischen Sintfluten, die der harte, trockene Boden nicht aufnimmt. Die Aussicht, anschließend den von meinem Fahrer Femi ausgeborgten Peugeot unversehrt durch die Fluten skippern zu müssen, war nicht gerade verlockend.

»Kehinde ist inzwischen ein alter Mann«, erklärte Yemi. »Das letzte Mal, dass ich eine seiner Shango-Zeremonien erlebt habe, muss bald 20 Jahre her sein. Ich sehe das immer noch plastisch vor mir. Es ist wirklich beeindruckend.«

Am nächsten Morgen war der Himmel immer noch blau und hoch: Ich belud den Peugeot. Die Bewohner des kleinen Dorfes mit seinen Lehmhütten und wellblechgedeckten Steinhäusern waren in Bewegung, jemand zog einen kräftigen Ziegenbock an einem kurzen Strick hinter sich her.

»Der wird geopfert«, sagte Yemi. Ich sah dem bockigen Tier voll Mitleid nach – und schickte einen Blick zum Himmel. Dicke schwarze Wolken waren aufgezogen. Entschlossen klappte ich den Kofferraumdeckel zu, kurbelte die Fenster von Femis Gefährt hoch. Wortlos folgten Yemi und ich dem Weg des Ziegenbocks. Kehindes Haus lag am Rand des Dorfs und war von einem hohen Zaun umgeben. Im Innenhof schien sich bereits die Hälfte der Dorfbewohner versammelt zu haben.

»Warum will Ofiki eigentlich unbedingt Zwillinge?«, fragte ich Yemi.

»Sie sind ein Zeichen besonderen Glücks«, antwortete Yemi. »Und wenn sie unter dem Schutz Shangos stehen, dann ist die Wahrscheinlichkeit groß, dass es Jungen werden. Und Jungen, wie du weißt, gelten in unserer Gesellschaft nun mal mehr als Mädchen.« Yemi zuckte hilflos mit den Schultern: Sie selbst hatte vier Mädchen. Von Ferne war leiser Donner zu hören, der als mächtiges Grollen hinter den regenschweren Wolken heranrollte. Die ersten Windböen bogen die Gipfel der Bäume. Die Menschen lachten, Kinder sprangen fast nackt herum, in Erwartung einer Gratisdusche vom Himmel. Yemi bugsierte mich durch die Wartenden im Hof des Priesters Kehinde hindurch.

Der Altar befand sich vor dem Haus, gemauert aus weiß gestrichenen Steinen. Der Mann davor saß auf dem Boden. Er war klein und kompakt, ein drahtiger Kerl in einem roten, nicht besonders sauberen Gewand und von schwer schätzbarem Alter, gewiss aber älter als 50 Jahre. Kehindes Haare waren lang und in zwei dünne Zöpfe geflochten, sein Gesicht wirkte angespannt, konzentriert. Den Rummel um ihn nahm Kehinde nicht wahr – er schien weit entfernt. In seiner Hand hielt er eine Rassel, die er pausenlos und schnell bewegte. Ich konnte erst später erkennen, dass es ein ausgehöhlter Kürbis war, um den feine Schnüre gebunden waren, an denen sich winzige Perlen befanden. Die Bewegung der Hand ließ sie gegen die harte Kürbisschale schlagen, was einen hellen, leichten Klang erzeugte.

Ich machte einen langen Hals, um den eigentlichen Altar erkennen zu können. Schön war er nicht. In der Mitte stand eine fast schwarze Holzfigur, eindeutig einen Mann darstellend, der mit aufrechtem Kopf in die Ferne blickte. Ein Wunder, dass der Bursche nicht vornüber fiel – sein Penis war ein paar Nummern zu groß geraten. In seiner Hand hielt er eine doppelschneidige Axt. Und er sah ziemlich bekleckert aus: Getrocknetes Blut und weiße Hühnerfedern mischten sich mit den Spuren von undefinierbaren Flüssigkeiten. Ein Blick auf die bereitstehenden Flaschen dunklen Rums und Whiskys erklärte ihre Herkunft. Auf dem Altar lagen spitz zulaufende Steine und verschiedene Äxte mit zwei Schneiden.

»Das sind die Fetische des Shango-Priesters«, sagte Yemi. »Die Steine sind Donnersteine, sie symbolisieren das Unwetter. Der wichtigste Fetisch aber ist der kleine Mann mit dem großen Dings … na, du weißt schon«, grinste Yemi.

Das Donnerwetter hatte das Dorf erreicht und entlud sich mit ohrenbetäubendem Krach. Wie begossene Pudel standen wir im losbrechenden Platzregen. Ich war einigermaßen besorgt, ob Shango seine Feuerkraft mit todbringenden Blitzen nicht gerade auf mich Ungläubige herabschleudern würde. Ich verstand kein Wort von dem, was Kehinde seinem Orisha zu sagen hatte, sah nur, wie der Ziegenbock sein Leben in Minutenschnelle dem Zwillingswunsch von Yemis ältester Nichte opferte. Der Fetisch mit dem

Dino-Penis erhielt seinen Anteil an Blut und obendrein reichlich Rum und Whisky.

»Einen Fetisch muss man pflegen, damit er einem zu Diensten ist«, brüllte Yemi gegen das Unwetter an. Ich hörte ihr nicht richtig zu. Ich sah die Kinder. Sie standen dicht neben dem ausblutenden Ziegenbock, lachten und freuten sich. Die Ziege wurde weggeschafft, um später unter den Feiernden als leckere Speise verteilt zu werden. Die Kinder wandten ihre Aufmerksamkeit der Gratisdusche zu, suhlten sich im Matsch und ließen sich den Dreck wieder vom Körper spülen.

An diesem Tag war eine Rückkehr nach Lagos undenkbar. Am nächsten Morgen fuhren wir durch die dampfende Landschaft zurück, die satter und grüner als jemals im klaren Sonnenlicht strahlte.

»Wusstest du eigentlich, dass die Yoruba eine dreißigmal höhere Geburtsrate an Zwillingen haben als der Rest der nigerianischen Bevölkerung?«, fragte mich Hebamme Yemi.

»Aber so viele Gewitter gibt es doch gar nicht«, scherzte ich.

»Ein Opferfest zu Ehren Shangos ist bei Gewitter wirkungsvoller, denn dann schenkt Shango seine überschäumende Energie dem Vorhaben der Menschen umso eher«, erklärte Yemi. »Es geht natürlich auch ohne Blitz und Donner. Wichtig ist, dass der Priester seine Fetische pflegt und verehrt. Und zwar so, als ob es wirklich lebende Wesen wären.« Yemi erklärte mir, dass nicht nur Priester Fetische benutzen, sondern jeder sich seinen eigenen Fetisch anfertigen kann. Oder man kauft ihn. Beispielsweise auf dem großen Markt von Lagos. In einer der Markthallen, etwas versteckt platziert, unter einer großen Plane, fand ich einen solchen Stand. Spektakulär sind natürlich die Schädel von Tieren wie Schlange, Krokodil oder Hund, die an solchen Ständen feilgeboten werden – und teuer.

Es geht aber auch günstiger und weniger gefühlsbelastet, wenn man zu kleinen, mit Kräutern gefüllten Säckchen greift. Auch Amulette wie jenes, das John mir einst verehrte, zählen zu den Fetischen.

Die Verwendung bestimmter Tierteile ist angeblich wirkungsvoller als die von Pflanzen und unterliegt – alles ist in der Natur miteinander verbunden – einem exakt festgelegten Prinzip. Ein Medizinmann kann herausfinden, welches Tier einem entspricht. Der Büffel borgt einem beispielsweise seine Stärke durch ein Stück seines Knochens. Es wird poliert, bis es glänzt, und kann mit einem schmalen Lederband um den Hals getragen werden. Auf den ersten Blick wirkt solch ein kleines Amulett wie ein Stein aus Tigerauge. Ein Stück Büffelleder, auf dem der Zahn eines Krokodils aufgeklebt ist, kombiniert die Stärke des Wiederkäuers mit dem geduldigen Jagdinstinkt der Echse.

»Und das wirkt?«, fragte ich Yemi.

»Die Yoruba sagen, mit der Wirkung des Fetischs verhält es sich wie mit einer Ohrfeige im Dunkeln. Du siehst nichts, aber du merkst etwas«, meinte Yemi viel sagend.

Menschen, die sich zu geheimen Bünden zusammenschließen, besiegeln ihre Vereinigung unter Umständen mit einem Vorhängeschloss. Es wird mit einem oder mehreren kleinen Stücken Tierfell (die Auswahl wird von einem zurate gezogenen Priester bestimmt) beklebt und in einer Zeremonie an einem heiligen Ort vergraben, zum Beispiel unter einem Baum, dem nachgesagt wird, dass in ihm Geister oder Orishas wohnen. Mir wurde aber auch von Fetisch-Besen berichtet, die in Bäumen aufgehängt werden: Angeblich fühlen sich Einbrecher von solch einem Fetisch gezwungen, ihn so lange zum Reinemachen des Hofs zu schwingen, bis der Hausherr zurückkehrt. Jene, die überzeugt sind, dass die im Baum wohnenden Geister dabei ihre schützenden Hände im Spiel haben, schenken diesen Geschichten bereitwillig Glauben.

Eine Unmenge von Liebesfetischen basteln sich die Frauen Afrikas selber. Denn solch ein Fetisch – egal ob klein oder groß – wirkt nur, wenn er Bestandteile möglichst beider Liebenden enthält. Mila, die in diesen Dingen bewanderte »Beraterin« aus Lagos, sagte mir, dass Schamhaare einer der Grundbestandteile eines Liebesfetischs sind, den sie ihren Kundinnen zu basteln empfiehlt. Aber zunächst einmal muss die Ratsuchende sich darüber im Klaren sein, was sie von »ihm« will: heißen Sex oder ewige Treue? Gar beides?

Da runzelte Mila die Stirn! »Versuchen wir es erst mal mit heißem Sex; die Treue kommt dann schon. Und wenn nicht, dann musst du eben noch mal zu mir kommen, Sister.« Mila ist durchaus geschäftstüchtig – wie die meisten Leute ihres Fachs. Geheimwissen ist schließlich fast unbezahlbar. Nicht nur in Lagos. Mila empfahl folgendes Vorgehen: Sollte »er« nach einer heißen Nacht auf und davon sein, sollte »sie« die Schlafstatt untersuchen und mit spitzen Fingern alle Schamhaare einsammeln. »Nun brauchst du ein kleines Stück von der Alraunwurzel und eine kleine Chilischote. Ich habe welche da, willst du etwas?«

Ich verneinte.

Mila schnalzte missbilligend mit der Zunge und fuhr fort: »Okay, du musst warten bis Neumond. Die Erdstrahlung ist dann besonders intensiv. Geh in der pechschwarzen Nacht nach draußen, setz dich nach Westen ausgerichtet. Nimm eine rote Kerze, ein Stofftuch und die anderen drei Dinge. Bevor du die Kerze anzündest, bestreichst du sie vorsichtig mit der Chilischote von unten nach oben. Aber pass bei der Chili auf, sie darf nicht die Schleimhäute berühren, das tut furchtbar weh. Stell die Kerze sorgfältig auf und zieh dein Höschen aus. Jetzt denk an euer letztes Abenteuer. Befeuchte das Taschentuch mit Scheidensekret, dann zupfst du dir ein paar Schamhaare aus, gerade so viele, wie du von deinem Darling hast. Verbrenn jetzt ein paar von den Haaren, lass sie ins weiche Wachs der Kerze fallen. Dabei sagst du, was dir durch den Kopf schießt. Liebe mich heiß und innig – was immer du willst. Die übrigen Haare legst du sorgsam ins Tuch. Jetzt lösch die Kerze.«

Mila grinste: »Du brauchst unter Umständen eine zweite Kerze, damit du siehst, was du tust, okay? Also weiter: Im Kerzenwachs sind eure angekokelten Schamhaare gefangen. Je mehr davon, umso leidenschaftlicher eure Nächte. Wenn das Wachs noch etwas weich ist, legst du es zu dem kleinen Stück der Alraunwurzel, den unverbrannten Haaren und der Chilischote ins Tuch. Jetzt spuckst du darauf, wegen der Verbindung, die dein übriger Körper mit dem Fetisch eingehen soll. Dann verknotest du das Tuch. Steh auf, verbeuge dich in alle vier Himmelsrichtungen. Du kennst deine Göttin? Das solltest du, denn du musst ihr in der gleichen Nacht ein Opfer bringen. Was Süßes wäre nicht falsch. Und dann bittest du sie dein Vorhaben zu unterstützen.«

»Und was mache ich mit dem Tuch?«

»Sister, wo kann man so was schon hintun? Ins Bett. Ist doch klar! Darum soll dein Fetisch nicht zu groß sein, dein Darling darf ihn nicht bemerken.«

»Du bist sicher, dass es wirkt?«

Mila schnalzte mit der Zunge, wie sie es immer tut, wenn ich eine besonders dumme Frage gestellt habe: »Wenn du dich hinlegst wie ein Stück abgehangenes Fleisch, funktioniert keine Magie der Welt. Mach's ihm schön. Brauchst du noch irgendwas zum Räuchern der Haare? Sandelholz, Weihrauch, Zimt? Ich habe alles da. Koch was Leckeres, zieh dich hübsch an. Und vor allem nicht zu schnell aus, Sister. Ich habe hier noch ein paar kleine Perlen, bastle dir eine Hüftkette draus. Männer mögen das, du weißt doch, dass sie alle nur große Jungs sind, die was zum Spielen brauchen. Also gib ihnen was. Und dann, Sister, werdet ihr eine Menge Spaß miteinander haben.« Mila hielt mir ihre große, fleischige Hand hin. Denn meine »Beraterin« steht auf eine besondere Art von Erotik – das Knistern von Geldscheinen in ihrer Hand.

Mila ist mir wirklich eine teure Freundin und sie hatte auch noch einen Gratistipp für mich parat, den sie mir ins Ohr flüsterte: »Wenn es mit euch … na, du weißt schon … geklappt hat, hockst du dich über eine kleine Schüssel mit Wasser und wäschst dich. Aus diesem Wasser machst du einen Tee. Ihr trinkt ihn beide noch am gleichen Abend. Sister, das bildet einen hübschen Abschluss eures Abenteuers und bindet den Mann an dich. Aber überlege dir gut, ob er der richtige ist, bevor du das machst. Du wirst ihn nämlich unter Umständen nicht wieder los.«

Es gibt noch wesentlich aufwändigere Fetische, kleine Puppen zum Beispiel, die afrikanische Frauen sich basteln. Partnerpuppen tragen die wesentlichen Körpermerkmale von beiden, Seelenpuppen nur jene der Frau, die sie bastelt (siehe Kapitel »Basteln am eigenen Glück«, Seite 132). »Bevor du dich daranmachst dir eine Seelenpuppe zu basteln, die dein machtvollster Fetisch sein kann, musst du lernen dich selbst zu lieben«, sagte mir Mila. Denn die Grundvoraussetzung der Liebesmagie, wie ich sie in Afrika kennen lernte, ist, dass man sich selbst akzeptiert. Sonst kann man keine Liebesenergie aussenden – und folglich auch keine empfangen.

Handle nicht aus der Erregung des Augenblicks und nicht in Hast,
sonst wirst du die guten Dinge versäumen,
die das Leben für dich bereithält.

Weisheit der Ifa-Religion

Aus dem Bauch heraus leben

Wir waren auf dem Weg zum *babalawo*, jenem Medizinmann, der nach Johns Willen unsere Ehe retten sollte. Unbarmherzig schien die Sonne auf meinen unbedeckten Kopf, während meine Füße in Sandalen steckten, die auf dem ausgetretenen Pfad durchs baumarme Grasland kaum Halt fanden. Entsprechend mies war meine Laune. In meinem Rücken hörte ich das Klappern eines näher kommenden Fahrrades und fröhliches Kichern. Wenig später wurden wir überholt von einem jungen Mann, der zwei Frauen auf Gepäckträger und Stange mitgenommen hatte. Plötzlich strauchelte das Trio bei seinem Balanceakt über den buckligen Weg und knallte auf den Boden. Sie sprangen alle schnell wieder auf; die beiden Frauen lachten und hielten sich dabei die Bäuche. Unter weiterem Gelächter trugen sie das kaputte Fahrrad davon. Ich sah ihnen nach – und musste ebenfalls kichern. Über mich selbst. Wie verkrampft trabte ich durch diese eigentlich wundervolle Landschaft.

Ich denke, ich mag Afrika wegen solcher beiläufiger Begebenheiten. Das Leben wird spielerischer angegangen. Es wird aus dem Bauch heraus gelebt. Hinter dieser Formulierung steckt eine grundlegende Philosophie, die kopflastigen Menschen (damit meine ich durchaus auch mich selbst) gut tut. »Sister, du nimmst das Leben viel zu ernst«, gluckste Mila oft aus den Tiefen ihres Bauches hervor, wenn sie wieder mal die steilen Falten auf meiner Nasenwurzel sah. Wenn Mila lacht, dann vibriert jedes Kilo ihres schweren runden Leibes. Nie im Leben käme sie auf die Idee, eine Schlankheitskur zu machen. Denn der Bauch einer afrikanischen Frau wie Mila ist der Ort, aus dem sie ihre Stärke bezieht.

Ich habe in Nigeria die Frauen oft sagen hören: »Mein Bauch ist traurig.« Oder: »Mein Bauch sagt mir, wie ich dies oder jenes tun soll.« Oder: »Ich spüre im Bauch, dass ich diesen Mann liebe« oder dass sie ihn verlassen sollte. Je nachdem. Der Bauch hat in Afrika traditionell eine viel größere Bedeutung als bei uns. Wir haben allenfalls mal »Schmetterlinge im Bauch«, wenn wir frisch verliebt sind. Oder unsere »Liebe geht durch den Magen«. Hindurch, aber sie bleibt dort nicht. Sie wandert gleich eine Etage höher – ins Herz. Schlimmstenfalls ins Hirn. Afrikanerinnen lassen die Liebe da, wo sie zuerst empfunden wurde – im Bauch. Sie lachen und lieben mit dem Bauch. Er wird mit Tätowierungen verziert, bemalt und mit Bauchketten geschmückt. Die Piercings der westlichen Nach-Punk-Generation haben den geschmückten Frauennabel zwar auch als Mittelpunkt des erotischen Frauenkörpers erkannt. Doch es existiert ein wesentlicher Unterschied: Der afrikanische Frauenbauch wird nicht im Fitness-Studio flach getrimmt; er darf sich rund wölben. Der runde Bauch gilt als Schönheitsideal. Das war er auch in unserer Kultur früher.

Ich plädiere nicht für eine Tonnen-Taille. Jedoch habe ich von afrikanischen Freundinnen gelernt, das weibliche Bauchproblem weniger verkrampft zu sehen. Sich nicht zum Sklaven machen zu lassen von Schönheitsidealen, die auf dem Reißbrett der Modemacher entworfen wurden, sondern meinen Bauch als Ausdruck meiner Persönlichkeit zu akzeptieren. Nicht wenige weiße Frauen nehmen zu, wenn sie glücklich sind. Erst die Idealfiguren der Models in Frauenzeitungen bringen sie auf die Idee zur frustrierenden Fastenkur. Damit setzt eine bemerkenswerte Umkehrung ein: Aus dem Bauch des Glücks wird ein Quell des Verdrusses. Für uns, die wir uns meistens gerade mal ein Kind leisten, ist der weiblich gerundete Bauch als Ort der Stärke, in dem unsere Kinder so kräftig werden, bis wir sie auf die Welt bringen können, kein Schönheitsideal.

Wir könnten versuchen, unseren Bauch wie eine Afrikanerin als Ort der Stärke und Lust zu sehen. Dazu bedarf es einer wichtigen Grundvoraussetzung: sich selbst zu akzeptieren und nicht ständig willkürlich aufgestellten Idealen hinterherzurennen. Wer dem eigenen Körper vertraut, strahlt Selbstbewusstsein aus. Eine alte Weisheit. Ebenso wie die Schlussfolgerung: Innere Ausgeglichenheit und Ruhe gilt als die Voraussetzung für die bewunderte magische Anziehungskraft erotischer Frauen. Oft wird vergessen, dass erotische Frauen selten schlanke Magazin-Schönheiten sind.

Nicht nur meine »Beraterin« Mila erklärte mir: »Der Bauch ist das äußere Zeichen dafür, dass es der Frau gut geht, sie von ihrem Mann versorgt wird und keinen Streit mit ihm hat.« Übergewicht muss kein Drama, sondern kann Ausdruck der in sich ruhenden Persönlichkeit sein. Es war immer dieses eigentümliche Strahlen, das mich an den runden Afrikanerinnen fasziniert hat. Es scheint aus ihrem tiefsten Inneren zu kommen und ist Ausdruck einer reichen Gefühlswelt, die für Ausgeglichenheit sorgt. Man sieht diese innere Balance am Erscheinungsbild der Frauen und fühlt sich zu ihnen hingezogen.

Unser Leben ist natürlich anders als jenes, das meine nigerianischen Freundinnen und Bekannten führen. Ehen halten bei uns im Schnitt zehn Jahre; in den deutschen Großstädten werden mehr als die Hälfte der Haushalte von Singles geführt. Das ist in Nigeria wie in anderen afrikanischen Ländern (noch) weitgehend unbekannt. Noch gibt die Familie mit Großeltern, Schwägern und Cousinen Nestwärme.

In diesem engen Miteinander kommt es logischerweise auch zu Streit. Stress mit dem Partner wird in Afrika zunächst einmal durch passiven Widerstand wie sexuelle Verweigerung, lieblose Haushaltsführung oder schlampige Kleidung zum Ausdruck gebracht. Versteht er immer noch nicht, was los ist, wird die Sache über die Familie geregelt. Nicht so sehr weil die Frauen die direkte, lautstarke

Auseinandersetzung scheuen, sondern weil es wesentlich effektiver ist, eine andere Person als Vermittlerin (Mutter, Nachbarin, Freundin) auszusenden, die dem Partner auf den Zahn fühlt und sich geduldig seine Argumente anhört. Mit anderen Frauen wird das Problem erörtert. Befindet der Mann sich offenkundig im Unrecht, wird lang über seine Dummheit palavert – und am Ende gelacht. Die Frau, um die es eigentlich geht, sitzt zwischen ihren Freundinnen und Nachbarinnen und befreit sich lachend von ihren Sorgen. Sie geht das Problem mit dem Bauch an, löst es mit dem Verstand.

Haben die Vermittlungsversuche allerdings keinen Erfolg, bekommt der Mann das Ergebnis der fraulichen Beratungen mitgeteilt: Die Ehe ist gescheitert. Scheidungen sind weiter verbreitet, als ich anfangs angenommen hatte. Außer dass »die Charaktere nicht zusammenpassen«, verlieben sich verheiratete Frauen auch in andere Männer. Starke Frauen regeln das wie bei uns: Sie packen ihre Siebensachen und ziehen zum nächsten. In solch einem Fall lassen sie ihre Kinder oft zurück, denn sie haben das Recht auf sie verloren. Da kennt die afrikanische Gemeinschaft kein Pardon. Der elegante Weg der Trennung wird durch die Polygamie begünstigt. Die Trennungswillige findet (sogar mit einigen ihrer Kinder) im Haus des neuen Mannes Geborgenheit, ihre zurückbleibenden Kinder werden von der Schwiegermutter oder den Mitfrauen großgezogen.

Die weisen Priesterinnen im Urwald lehrten mich ein Kreisritual. Es sollte nach Möglichkeit veranstaltet werden, bevor sich ein kleineres Problem zu einem Scheidungsgrund auswachsen kann. Am besten, sagten die Priesterinnen, führt man es einmal im Jahr durch, um mit dem Partner alle Probleme zu erörtern. Das Ritual beginnt mit einer Vorbereitung aus dem Bauch heraus – wir würden »intuitiv« sagen. Die Frau sieht sich in ihrem Haus nach ein paar Gegenständen um, die ihr am Herzen liegen. Es sollte etwas sein, das in Verbindung mit dem Mann steht: ein Ring, eine Kette, ein Foto. Und etwas, das sie ärgert, wenn sie es nur sieht – beispielsweise ein voller Aschenbecher oder ein Kamm voller Haare.

Sie legt diese Dinge in einen Kreis, der im Garten oder im Haus gezogen wird und entsprechend aus Sand, Asche oder einer langen Kordel bestehen kann. Wenn die Kinder nicht mehr dazwischenplatzen können, setzen sich beide Partner in diesen Kreis. Der Partner sollte natürlich auch ein paar Gegenstände mitbringen. Damit man nicht im gesamten Mobiliar sitzt, ist es ratsam, sich vorher auf eine festgelegte Anzahl zu einigen. Während des Gesprächs werden die im Kreis befindlichen Gegenstände nacheinander in die Hand genommen und bilden so den Ausgangspunkt eines Themas. Dieses Hilfsmittel dient dazu, den Partner wieder zurückzuholen, wenn das Gespräch abrutscht. Die Probleme werden so lange besprochen, bis sie geregelt sind, und dürfen nicht aus dem Kreis mitgenommen werden. Dennoch soll es kein Streitgespräch werden, sondern Beziehung und Beteiligte gestärkt und zufrieden daraus hervorgehen lassen. Denn Rituale dienen der Konfliktbewältigung, in dem diese aus einer anderen Perspektive gesehen und gemeinsam angegangen werden können.

Das bewusste, in ein kleines Ritual eingebundene Ansprechen von Konflikten nimmt Auseinandersetzungen die Schärfe. Die weisen Frauen des Geheimbundes empfehlen übrigens das gleiche Vorgehen guten Freundinnen, die sich konzentriert aussprechen wollen. Das Kreisritual kann einen meditativen Charakter annehmen, wenn man es allein macht. Dann aber ist die Vorbereitung des Rituals noch wichtiger: Mit Kerzen und Düften wird im Raum eine entspannte Atmosphäre vorbereitet (siehe Kapitel »Im Reich der Düfte«, Seite 82). Im Kreis befinden sich Dinge, die für Hoffnung und Angst oder für Liebe und Einsamkeit stehen. »Dazu fragt ihr euch: Warum habe ich mir diese und nicht andere Dinge gewählt? Wofür stehen sie? Was hat mich verletzt? Wieso habe ich mit dem Menschen, von dem ich den gewählten Gegenstand habe, gerade ein Problem?«, erklärten die Priesterinnen des Geheimbundes.

Diese innere Bilanz dient dem obersten Ziel, das sich meine afrikanischen Bekannten und Freundinnen immer wieder setzen: im Frieden mit sich selbst zu leben, um dann ausgeglichene Beziehungen zu anderen haben zu können.

Der Starke hat die Arme seiner Freunde.
Volksweisheit der Bantu

Die kleinen Tricks afrikanischer Erotik

Schon der Gang der Afrikanerinnen ist anders. Viele deutsche Frauen laufen mit hängenden Schultern, den Kopf nach unten. Sie bringen ihre Figur nicht zur Geltung. Der beste Push-up-BH nützt nichts bei einer katastrophalen Haltung. Der Trick: Topf auf den Kopf. Ja, wirklich, es funktioniert. Stellen Sie sich vor den Spiegel und machen Sie eine Bestandsaufnahme. Fast immer sind es die Schultern: Ziehen Sie sie zurück, Brust raus. Jetzt nehmen Sie einen Topf (oder die Plastikschüssel, wenn Sie keine Dellen im Parkett haben wollen), platzieren ihn auf dem Kopf und versuchen zu schreiten wie eine Königin. Es wird nicht erwartet, dass Sie in diesem Stil am nächsten Tag durchs Büro laufen. Aber Sie werden sehen, Sie bewegen sich bewusster, wenn Sie ein paar Mal den Königinnen-Gang trainiert haben. Auch setzen Sie damit das erwünschte Signal: Ich will gesehen werden. Ich fühle mich gut.

Nigerianerinnen tragen die kunstvoll hochgebundenen Kopftücher, die man *gele* nennt. Die bunten Tücher betonen den Kopf. Ich erinnere mich an Fotos, auf denen Romy Schneider ihre Aura auf diese Weise unterstrich. Gerade Frauen mit langen, schlanken Hälsen steht so ein Queen-Look hervorragend. Ein Haarband, das die hohe Stirn hervorhebt und den Blick auf die Augen freigibt, verleiht ebenfalls Würde. Ein Viskose- oder Chiffontuch kaschiert einen runden Nacken und verstärkt Ihren Auftritt. Immer gilt: Betonen

Sie Ihre Stärken, finden Sie heraus, wo die Königin in Ihnen schlummert. Denn das ist der wunderbare Nebeneffekt, wenn man beginnt an sich zu arbeiten: Man wird nicht mehr übersehen.

Ein paar kleine Anleihen bei afrikanischer Exotik holen die afrikanische Erotik in die eigenen vier Wände. Afrikanerinnen betonen jene Körperteile, die viel bewegt werden. Sie senden Signale aus: Die Schritte werden zu Musik, jede Handbewegung von einem individuellen Klimpern begleitet – Glöckchen um die Fußgelenke, perlenbesetzte Schnüre um die Hüfte, klingende Metallreifen an den Handgelenken. Das Signal an die Umwelt ist eindeutig: Hier bin ich, ich fühle mich gut, seht mich an.

Warum betonen Sie nicht Ihre Hände? Verstecken Sie sie nicht unter klobigen Ringen, sondern heben Sie den Ansatz der Hand mit glänzenden oder schimmernden, klimpernden Reifen hervor. Die Form Ihrer Hände spielt keine entscheidende Rolle; jede gepflegte Hand strahlt Sinnlichkeit und Wärme aus. Durch Armreifen werden Hände betont, der in der Bewegung erzeugte sanfte Klang hallt nach, bleibt im Gedächtnis haften. Das Gleiche gilt für die beliebten Fußkettchen: Mit einer winzigen Glocke garniert hinterlässt jeder Schritt eine Note; Ihre eigene Musik, den Takt Ihrer Bewegung, Ihren eigenen Lebensrhythmus. Das sind die kleinen Tricks afrikanischer Frauen.

Brigitte lernte ich in Berlin in einem Afrika-Shop kennen. Ihrem aschblonden Haar hatte die Sonne ein paar natürliche Highlights gegeben; ein dunkelgelbes Tuch, dessen lange Enden im Nacken baumelten, betonte den leicht gebräunten Teint ihrer Haut. Der dünne Schal und die schlichten Ketten aus Holz wirkten sehr natürlich zu den leichten Armreifen an ihren Handgelenken. Eine Frau, die mit sich und der Welt im Reinen war. Sie hatte Handarbeiten aus Benin abgeliefert und gutes Geld dafür bekommen. Ich schätzte Brigittes Alter auf Anfang 50 – tatsächlich war sie Anfang 60. Voller Interesse fragte ich sie ein wenig aus.

Sie berichtete unbefangen, dass sie schon seit acht Jahren im westafrikanischen Benin lebe. Sie hatte ihren Kofi bei einem Afrika-Festival in Berlin kennen gelernt. »Ich bin hingegangen, weil ich neugierig war«, sagte Brigitte. Ihr damaliger Mann hatte sie gerade nach über 15 Jahren Ehe verlassen; Brigitte war frustriert, fühlte sich ungeliebt, litt unter den in ihrer Depression angefutterten Pfunden. Vielleicht suchte sie auch instinktiv nach einem Neubeginn für sich selbst. Sie kam mit Kofi ins Gespräch. Ohne Hintergedanken, sagte sie mir. Ich glaube es ihr. Denn Kofi war jene fast 15 Jahre jünger, die Brigitte in ihrer Ehe verbracht hatte. Kofi reiste ab; es war nichts »passiert«. Er hatte ihr zum Abschied nur sein kleines Fingerklavier aus Blech geschenkt: vier gelötete Blechstreifen auf einer Dose mit einem Loch in der Mitte. Aber Kofi hatte ihr auch einen Satz gesagt, der Brigitte nicht mehr aus dem Kopf ging. »Dein Mann ist ein Dummkopf. Er sieht deine Schönheit nicht.« Brigitte kehrte in ihre Welt zurück, übte so lange auf dem kleinen Fingerklavier, bis sie glaubte, in jedem Ton Kofis Stimme zu hören. Sie kratzte ihre wenigen Ersparnisse zusammen und flog nach Benin.

»Ich konnte Kofi keine Reichtümer bieten. Ich hatte meinen Job lange vorher verloren«, sagte Brigitte. Gemeinsam mit dem jüngeren Mann baute sie sich eine neue Existenz auf. »Das Zusammenleben mit Kofi macht mich jeden Tag jünger. Manches ist beschwerlich, aber es macht mir Spaß, am offenen Herd für ihn zu kochen und hinterher seine Dankbarkeit zu spüren, dass ich bei ihm bin und sein Leben mit ihm teile«, erzählte Brigitte, bevor sie zur U-Bahn lief, um den Flieger nach Afrika zu erwischen.

Eine ähnliche Geschichte hörte ich von einer anderen Frau, die ihre Wechseljahre erreicht hatte: Durch Lisa lernte ich in Lagos meine »Beraterin« Mila kennen. Damals lebte Lisa seit sechs Jahren mit einem Nigerianer zusammen, der außer ihr 38 andere Frauen in einer Art Harem um sich versammelt hatte. »Er gibt mir das Gefühl, etwas Besonderes zu sein«, schwärmte Lisa. Dies Gefühl machte Lisa wieder jung. Obwohl sie schon geglaubt hatte sich in der Menopause zu befinden, wurde sie noch einmal schwanger. Es trifft gewiss nicht den Geschmack jeder Frau, sich einen Mann mit vielen anderen Frauen zu teilen, Lisa jedoch genoss dieses Gefühl, Teil einer riesigen Familie zu sein, die sie liebte.

»Ist das nicht sehr stressig?«, fragte ich sie.

»Jeder Tag ist neu«, entgegnete sie, »stellt andere Herausforderungen, denn bei so vielen Menschen gibt es immer wieder andere Probleme.«

»Dein Mann hat so viele andere Frauen; wie kommst du damit zurecht?«

Lisa warf einen Blick auf Mila und die in Reichweite stehenden Ingredienzien der Weiß-Magierin: »Wenn mir mal nichts mehr einfällt, wie ich meinen Mann auf mich aufmerksam machen kann, komme ich zu Mila. Die weiß immer einen Trick.«

Die lebenskluge Mila verriet mir, als Lisa gegangen war, dass die Tipps und Tricks nicht das wirkliche Geheimnis ihrer beratenden Hilfe waren: »Lisa hat vergessen, wer sie einmal war. In ihrer ersten Ehe hat sie neben ihrem Mann hergelebt. Ihren afrikanischen Mann aber muss sie immer wieder neu erobern. Deshalb achtet sie auf sich. Lisa mag sich heute selbst.« Mila ließ ihr missmutiges Schnalzen hören: »Ihr Weißen lebt zu sehr mit dem Kopf. Ihr wollt kontrollieren, euch und andere. In ihrer jetzigen Ehe kann Lisa das nicht. Sie muss leben, Sister, leben!« Mila meinte damit genussvolles, sinnliches Leben.

Wenn die Frauen im Einweihungslager ihre nächtlichen Feste feierten, tanzten auch die alten Frauen. Langsam, in sich selbst versunken. Das sah sehr sinnlich aus, denn die Alten strahlten diese innere Schönheit aus, die man aus keinem Kosmetikinstitut beziehen kann. Reisen Brigitte und Lisa bis nach Afrika, um durch die Liebe Jugend zu finden, so ist das natürlich nur ein Weg. Zu Hause lässt sich in der Besinnung auf die eigenen Fähigkeiten und Stärken das gleiche Ziel erreichen.

Dazu müssen wir wieder lernen mit allen Sinnen zu leben, denn sie sind das von der Natur gegebene, wichtigste »Handwerkszeug«, mit dem wir uns der Magie nähern können. Objektive Sinne wie

Riechen, Sehen, Hören, Schmecken und Fühlen müssen wir Europäerinnen meist erst einmal schulen. Denn sie sind oft viel zu unsensibel geworden. Zusätzlich zu den objektiven Sinnen verfügen wir über einen subjektiven Sinn, das Zusammenspiel unseres endokrinen und vegetativen Systems, dessen Eindrücken man sich nicht entziehen kann. Zu beeinflussen ist dieser subjektive Sinn auch nicht (im Gegensatz zu den objektiven: zum Beispiel durch Schließen der Augen, um etwas Unangenehmes nicht sehen zu müssen). Der objektive Riechsinn stellt fest, dass etwas nach Kaffee duftet; der subjektive wertet und setzt den Duft in Verbindung mit einem Erlebnis, führt zu Assoziationen – zum Beispiel die Erinnerung an ein Frühstück mit Kaffee im Bett. Der subjektive Sinn kann deshalb für die geheime Macht der Liebesmagie genutzt werden. Etwa indem Sie sich einen eigenen Duft kreieren, der Ihre persönliche Note ausmacht (siehe Kapitel »Im Reich der Düfte«, Seite 79). Der objektive Tastsinn wird zum subjektiven Spürsinn, wenn es um die Herstellung eines eigenen Fetischs oder Amuletts geht (siehe »Basteln am eigenen Glück«, Seite 128).

Es ist dein Recht, glücklich zu sein.

Weisheit der Ifa-Religion

Das Fest für die Sinne

Erotik ist die Kunst, einen flüchtigen Augenblick mit allen Sinnen zu genießen, ihn zu einem unvergesslichen Ausleben der Leidenschaft zu steigern. Sie hilft uns zu entdecken, was uns am nächsten ist und dennoch oft in unerreichbare Ferne gerückt zu sein scheint: wir selbst; die Sprache des Körpers zu verstehen und sprechen zu lernen; die eigenen Bedürfnisse und die eines geliebten Menschen zu erkennen und zu erfüllen. Aber da steht oft so viel zwischen unseren Wünschen und Sehnsüchten, das uns den Zugang zu unserer schlummernden Erotik verstellt und uns dadurch um den Genuss der Sinnlichkeit bringt – unser Kopf. Oft ist eine der ersten Fragen, die der Kopf im unpassendsten Augenblick stellt: Bin ich schön? Gehen wir also bei Oshun, der verführerischen Liebesgöttin, in die Schule und lassen uns durch die afrikanische Orisha der Schönheit zu einigen Tipps anregen.

Henna statt Tattoos

Aussagekräftige symbolische Hennabilder auf Händen, Füßen, Gesicht, Hals und Körper halten einige Wochen, bevor sie wieder ausbleichen. Damit sind sie variabler als Tattoos. Bei den Priesterinnen im Urwald war es ein stundenlanges Zeremoniell, mit den feinsten und kompliziertesten Hennamustern Hände, Arme, Beine, Füße und Fußsohlen zu schmücken. Vom Zubereiten der färbenden Paste bis zum kunstvollen Auftragen und dem Trocknen der Körperteile verging mit dem Erzählen kurzweiliger Geschichten oft ein Nachmittag. Meist hatten diese Storys einen eindeutig erotischen Charakter. Die Körperbemalung einer afrikanischen Frau sendet verführerische und erotische Signale aus. Deshalb werden als Schmuck-Symbole neben solchen mit mystischer Bedeutung (zum Beispiel wirken Skorpione schützend; Kreise beschwören Energie) oft Zeichen verwendet, die eindeutig den Wunsch nach Sex ausdrücken, wie zum Beispiel Rauten, Schlangen oder Frösche.

Frosch und Kröte sind Zeichen für die Vagina. Das veranschaulicht eine Anekdote, die sich die Mädchen beim Henna-Bemalen im Urwald erzählten: Eine untreue Frau wird mit ihrem Liebhaber ertappt und daraufhin von ihrem Ehemann mit einem magisch aufgeladenen Besen berührt. Als die Frau wieder mit ihrem Liebhaber verkehrt, kann der seinen Penis nicht mehr aus ihrer Scheide befreien. Durch den Besen gelangte ein Frosch in den Bauch der Frau, der den Penis umklammert hält. Erst der Gegenzauber des Mannes kann die beiden wieder trennen.

Henna-Farbe lässt sich herstellen aus zwei Löffeln Henna, Zitronensaft, schwarzem Tee und zerstoßenem Knoblauch (wirkt festigend). Wissenschaftlich nachweisen lässt sich die desinfizierende Wirkung der Hennapflanze: Sie wird in Afrika auch heute noch bei Verletzungen angewandt. Auf dem Land werden außerdem die Fußsohlen immer wieder mit dicken Hennaschichten bestrichen, bis sie dick wie Leder sind – das macht den Gang der Frauen trittfester und anmutiger.

Ich werde den Anblick nie vergessen: Victors Onkel hatte auf beiden Wangen breite Narben, die von oben nach unten verliefen. Das gab dem kleinen, gedrungenen Mann ein animalisches Aussehen, das auf mich vom ersten Augenblick an einschüchternd wirkte. Damit hatte er ein offensichtliches Ziel bereits erreicht, denn sein schwammiges Gesicht hätte sonst allenfalls weich gewirkt. Narben senden deutliche Symbole aus. Auf manche Menschen wirken solche Narben durchaus erotisch. Das ist gewissermaßen eine Nebenwirkung, denn diese Hautritzungen werden bereits kurz nach der Geburt eingeschnitten. Dazu werden die Ahnen befragt, um die Aufgaben des neuen Erdenbewohners zu ermitteln und ihn mit diesen Symbolen für seinen künftigen Lebensweg zu stärken. Manche Narben dienen der Gesundheit, der Stammeszugehörigkeit, der Kommunikation, einige sind nur da als Schmuck, während wieder andere als Mittler zwischen Menschen und den Kräften der Natur und der Götter aufgefasst werden. Im Laufe eines afrikanischen Lebens folgen oft weitere Hauteinritzungen, etwa bei wichtigen Lebensstationen wie der Aufnahme in einen Geheimbund.

Der Körper wird für afrikanische Tätowierungen in drei Bereiche aufgeteilt. Der obere dient ästhetischen Funktionen und kennzeichnet die soziale Stellung, der mittlere – Hüften und Rücken – hat einen deutlich erotischen Aspekt. Zeichen auf Brust, Nabel und Oberschenkeln verweisen auf Spirituelles und Religiöses. Zur Heilung und Vernarbung werden in die offene Wunde Asche, Pflanzen und Kräuter gerieben. Anschließend darf die Einritzung nicht mit Wasser in Berührung kommen, da sonst die Narbenbildungen ungenau werden oder die Zeichnungen verschmieren.

Narben heben sich deutlich von der Haut ab, sind für die Hand oder den daran reibenden Körper spürbar und sollen sexuell stimulierend wirken. Ideal dafür sind Bauch, Lenden, Rücken, Nierengegend, innere Oberschenkel oder der Po. Symbole mit erotischer Bedeutung sind beispielsweise eine längs oder quer gestellte Raute. Sie verweist auf die äußeren weiblichen Geschlechtsteile. Rauten, mit kleinen abgehobenen Punkten gefüllt, sagen aus, dass ein weibliches Geschlechtsteil einen Penis verschlingen kann. Auf Bauch oder Hüften heben sie die Fruchtbarkeit hervor; zwischen Nabel und Schambein angebracht sind sie eine Aufforderung zum Sex. Einige Stämme ritzen an dieser Stelle einen spitzen Winkel ein. Diese Narbe verweist auf Weiblichkeit und zeigt, dass ein Mädchen zur Frau wurde. Erhabene Tätowierungen an den »richtigen« Körperstellen lenken die Aufmerksamkeit des Partners auch im Dunkeln.

Schmückende Symbole für die Haut

Die gezeigten Symbole erzählen kleine Geschichten. Sie werden mit Henna auf die Haut des Gesichts, der Hände oder der Füße gezeichnet. Oft zieren sie auch die Innenwände der Lehmhäuser.

Sehnsucht nach Liebe

Fruchtbarkeit, Schönheit und Liebe

Der Weg

Beherzige die Initiationsregeln

Meine Liebe soll den richtigen Weg finden

Der Mensch im Universum

Liebe trotz aller Hindernisse

Das Glück oder die große Liebe

Die nebenstehende Zeichnung drückt den Wunsch nach Liebe, Schönheit und Reichtum aus: An den Seiten der Figur befinden sich zwei Bänke, die sich nur Wohlhabende leisten können, ihr Kopf ruht auf drei Kissen, die mit Kauris – sie stehen für Geld – gefüllt sind. Ihr Kopf ist reich geschmückt, in der Hand hält sie einen Kamm, das Symbol der Schönheit; Geschlecht und Bauch sind vergrößert, was den Wunsch nach Liebe und Fruchtbarkeit verdeutlicht.

Drei Symbole, miteinander kombiniert und ins Gesicht mit Henna gezeichnet, erzählen die Wünsche eines jungen Mädchens, das seine Initiation vollendet hat und sich nun nach der Liebe eines Mannes sehnt (Stirn). Sie macht sich schön, ist fruchtbar und will einen Mann erobern (linke Wange), um das große Lebensglück zu finden (rechte Wange).

 Eros

 Ich habe genug von dir und will mich trennen

 Treue, Milde und Vertrauen

 Reiche Nachkommenschaft

 Ich will dich verführen

 Für deine Liebe will ich alles geben

 Die sprechende Trommel

 Dankbarkeit

 Meine Liebe fordert deine Liebe

 Das Licht des Wissens

Schmuck – erotisches Signal und Schutz

Auch Frauenschmuck hat in Afrika meistens erotische Bezüge: An Schmuck lässt sich erkennen, welche Körperregionen die Männer des Stammes an ihren Frauen besonders schätzen. Afrikanerinnen zeigen heute mehr denn je ihren Reichtum in Form von Schmuck: Ketten aus Gold, Koralle, Türkis, Lapis, irisierende Glassteine, Silber. Besitz und Schmuck kann besessen machen. Deshalb werden zusätzlich geheime Amulette und Schmuckstücke aus Kaurischnecken, Zähne von Krokodilen, Klauen von Greifvögeln oder Krallen von Leoparden getragen. Kaurischnecken sind – wegen ihrer Vulva-Form – als Fruchtbarkeitssymbole bekannt.

Armreifen dienen dem Schutz oder werden für die Liebe getragen, zum Beispiel aus schwarzem, hartem Elefantenhaar, Elfenbein, Ananasfasern. Ringe mit Chamäleons, Spinnen und Eulen sollen den Träger mit der Kraft der jeweiligen Tiere schützen.

Als Ohrschmuck haben goldene Münzen einen hohen Stellenwert, denn sie symbolisieren die Bedeutung einer Frau. Prachtvolle, riesige Ohrringe in Gold und Goldfiligran-Schmuck in den Haaren tragen gerne die hellhäutigen Fulanifrauen im Norden Nigerias.

Der älteste afrikanische Schmuck stellt wilde Tiere dar. Kleine, aus Knochenteilen, Horn, Muscheln oder weichem Stein modellierte Figuren, die an Raphiafasern befestigt getragen wurden, sollten die Trägerin mit der Kraft des dargestellten Tiers beschützen. Später wurden »Tiere der Stärke«, zum Beispiel Chamäleon, Büffel oder Elefant, als bevorzugter Schmuck aus Eisen, Bronze, Elfenbein sowie Aluminium gefertigt. Heute ist Gold der Hauptbestandteil der unzähligen Arten von Ketten, Armbändern, Ohrgehängen, Haarschmuck und Ringen mit einem Durcheinander von Motiven: Zähne, Schlösser, Maiskolben, Münzen, Masken, Blätter, Schnecken, Löwen, Krokodile.

Perlen, Korallen und Achate sind als Schmuck im Süden Nigerias sehr beliebt. Glasperlenschmuck in allen Farben und Variationen lieben Afrikaner nicht erst seit der Kolonialzeit. Bis heute werden aus Glasperlen und Pailletten Hüte der Männer hergestellt.

Könige ließen sich aus Glasperlen Brustpanzer anfertigen. Ketten aus Perlen können auch heute noch Liebesbotschaften enthalten und bestehen zum Beispiel aus fünf bis zehn perlenbestickten Quadraten, die an einem Lederband getragen werden. Je nach Perlenfarbe und Muster interpretiert der Verehrer die codierte Botschaft. Denn man verstößt gegen alte Taburegelungen, wenn man sexuelles Begehren offen zeigt. Da erleichtern drei rote und zwei schwarze Glasperlen, die das Mädchen bei der »zufälligen« Begegnung mit dem heimlich Angeschmachteten um den Hals trägt, das Näherkommen erheblich.

Der Intimbereich wird durch Hüftschnüre und Glasperlenketten betont, Haare im Intimbereich werden mit kleinen Perlen versehen. Wahrscheinlich kann man diesen Genitalschmuck mit den Piercings in Europa vergleichen. Die Prozedur des Einflechtens verursacht bei weitem nicht die Schmerzen des Durchstechens oder verursacht Allergien oder Entzündungen – und vielleicht wird es auch bei uns einmal Trend.

Sehen und gesehen werden

Waschen ist in Afrika kein beiläufiges Ritual. Für das meist sehr knappe Wasser laufen viele Menschen stundenlang durch die sengende Hitze. Es wird in Schüsseln und Eimern auf dem Kopf getragen und kalebassenweise für alle Schönheitsanwendungen genutzt. Öle und Cremes werden in der eigenen Schönheitsküche hergestellt und finden anschließend bei gegenseitigen Massagen und Ritualen üppige Verwendung, da sie in der Hitze des afrikanischen Kontinents nicht lange haltbar sind.

Afrikanerinnen flechten ihre Haare in kleine Zöpfchen oder umwickeln sie mit Garn, so dass sie zu interessanten Figuren geformt um den Kopf gelegt werden können. Öl, Tonerde oder geschmolzene Butter (zum Beispiel aus der Nuss des Schibaums) sind Hilfsmittel, um die Frisuren zu formen. Selbst leicht ranzige Butter wird benutzt – vielleicht weniger nachahmenswert, aber für viele Afrikaner erotisierend. Gestampfte und dann gepresste Pflanzenöle, sparsam auf die Haut aufgetragen, verleihen besonders Muskel- oder Brustpartie einen attraktiven Schimmer.

Die Priesterinnen im Busch stellen sämtliche Schönheitsmittel aus natürlichen Zutaten her. Basisöle werden aus Kokos- oder Schinuss, Mandel oder Sesam gewonnen. Als zugesetzter Duftstoff sind Zimt, Nelke, Zedern- und Sandelholz beliebt. In Nigerias Großstädten verfeinern Frauen ihr Basisöl gelegentlich mit europäischen Konzentraten oder Parfümen, aber auch mit extrem süßlichen asiatischen. Für europäische Nasen sehr gewöhnungsbedürftig ist Fett oder Basisöl, das aus dem Magenfett eines Lamms gewonnen wird, das die Frauen im Einweihungslager so lange kochten, bis daraus eine feste Masse wurde. Egal welche Mittel die Frauen nutzen – das Ziel heißt: Ich will wahrgenommen werden.

Alle Mittel aus der Natur sind leider nur kurz haltbar, sofern sie nicht durch Konservierungszusätze verändert werden. Wenn Sie afrikanische Schönheitsmittel naturgetreu nachempfinden wollen, denken Sie bitte daran: möglichst kühl aufbewahren, rasch verbrauchen und nur kleine Mengen herstellen, falls Sie keine Freundinnen haben, denen Sie etwas davon abgeben möchten!

Alles in Öl!

Afrikanische Kosmetik verwendet nur Öle oder Fette aus der Natur. Basisöle können zum Beispiel aus Lammfett, Sesam, Mandel, Erdnuss oder Schibutter hergestellt werden und hinterlassen Fettflecken. Im Gegensatz dazu verdunsten die ätherischen Öle oder Duftöle.

Erdnüsse in allen Formen sind in Nigeria sehr preiswert (das Land war früher der führende Exporteur der *peanuts*). Um kosmetisches Erdnussöl herzustellen, wird wie folgt verfahren: Die Nusskerne werden in großen, breiten Töpfen so lange geröstet, bis sie schwarz sind. Abgekühlt werden sie gemahlen und in kochendes Wasser geschüttet, das Öl steigt nach oben und wird abgeschöpft.

Schibutter (englisch *sheabutter*) stammt aus pflaumenartigen Nüssen, die an Bäumen wachsen. Das daraus gewonnene Öl dient als Nahrungs- und Heilmittel, Brennstoff für Lampen, Basisöl für Kosmetik und Grundsubstanz für diverse Liebesmittel. Zum Buttermachen werden die ganzen Früchte gekocht, dann getrocknet, die Schale wird entfernt, die eigentliche Nuss geröstet und in großen Mörsern fein gestampft. Das so gewonnene Nussmehl wird in Wasser erhitzt und gerührt, bis das Öl aufsteigt. Mit einer Kalebasse wird es abgeschöpft. Beim Erkalten verfestigt es sich. Die gewonnene Butter macht die Haut weich, beugt zum Beispiel auch Schwangerschaftsstreifen vor und lässt, als Creme für die Brustmassage angewandt, die Muttermilch fließen. In der afrikanischen Liebesmagie wird die sanfte Butter als vaginales Gleitmittel geschätzt. Sie ist aber auch ein Heilmittel für die Haut bei kleinen Verletzungen und wird als Sonnenschutzmittel benutzt.

Leckereien für die Haut

Ursprüngliche afrikanische Rezepte kommen komplett ohne Chemie aus. Dafür finden Substanzen Verwendung, die in unseren Breiten als Leckereien für den Gaumen geschätzt werden.

Sugarface

Einfache Kernseife aufschäumen und mit einer geringen Menge Zucker vermischen. Das Gesicht damit gut einreiben und mit warmem Wasser sorgfältig nachspülen. Bei trockener Haut wird der Zuckerseifenmasse ein Eidotter untergemischt, so dass der Abreibungseffekt weniger stark ist. Unreine Haut verträgt einige Tropfen Zitronensaft in lauwarmem Waschwasser beim Nachspülen.

Zucker-Reinigungsbällchen

Eine Handvoll Zucker und etwas Wasser in einem Topf auf kleiner Flamme unter starkem Rühren aufkochen, bis Wasser und Zucker karamellisieren, dann Eidotter hineinrühren. Mit ein paar Tropfen Zitronensaft kurz aufkochen. Aus der erkalteten Masse werden kleine Bällchen geformt, die regelmäßig zum Waschen von Gesicht, Hals und Dekolleté benutzt werden können.

Hautpflege mit Honig

Honig erfreut sich in Afrika als natürliches Heil- und Pflegemittel größter Beliebtheit. Er verfeinert grobe und beruhigt empfindliche Haut, verleiht dunkler (auch unserer sonnengebräunten weißen) Haut einen sensationellen Schimmer. Ein Honigbad (etwa 4 EL für eine deutsche Wanne) macht die Haut weich wie Seide. Wenn es Ihnen nicht zu klebrig ist, können Sie sich einen afrikanischen Kussmund zaubern – mit etwas dünn aufgetragenem Honig, bevor Sie pflegende Lippenstifte verwenden.

Teintbleichende Maske

1 EL Honig
2 EL Bleicherde
1 EL Hamameliswasser
4 gemahlene Gewürznelken

Alles zu einer Paste vermischen, auftragen und 20 Minuten einwirken lassen, danach abspülen.

Papayamaske

In Afrika gibt es Schönheitsrezepte, die zum Aufessen einladen (achten Sie bitte darauf, dass Sie nur ungespritzte Früchte verwenden). Papaya zum Beispiel enthält ein Enzym, das tote Zellen auf der Hautoberfläche wegfrisst, dabei die Haut reinigt, belebt und verjüngt. Die Schale der Papaya kann wie Gurkenschale als Minimaske verwendet werden. Für eine große Maske braucht man eine halbe Papaya, deren reifes Fleisch zerdrückt und sofort dick auf dem Gesicht verteilt wird. Der Duft ist ein zusätzlicher Genuss. Warmes Wasser spült die klebrige Substanz problemlos ab. Heilerinnen verwenden übrigens Papaya bei Prellungen oder zur Blutstillung.

Bananenmaske

Banane ist in Afrika stets verfügbar, preiswert und für alles zu verwenden. Yemi empfahl, eine halbe reife, zerdrückte Banane, Honig und Sahne regelmäßig aufs Gesicht aufzutragen und später mit warmem Wasser abzuwaschen. Es ist eine Wohltat – beruhigend für die Haut, gut gegen Hauttrockenheit und Faltenbildung.

Granatapfel-Lotion

Granatapfel ist gut für die sensiblen Partien um Brust und Hüfte: Der Granatapfel wird als Ganzes gekocht, das Kochwasser als Lotion verwendet, die dem Gewebe Festigkeit gibt.

Orangen-Mandel-Hafer-Pulver

Orangenschalen werden in Afrika viel verwendet, um die Haut zu glätten, leicht abzuschleifen und zu reinigen. Ungespritzte Schalen müssen sehr gut trocknen, dann werden sie in Stückchen geschnitten, zermahlen oder zerrieben. Orangen-Mandel-Hafer-Pulver steht in vielen Haushalten anstelle von Seife bereit – hergestellt aus einer Handvoll zerriebener Orangenschale, gemahlenen Mandeln, gemahlenem Hafermehl und mit etwas Wasser gebunden.

Zitronen-Gesichtswasser

Zitronen, Limonen und Orangen eignen sich als Basis für ein äußerst erfrischendes Gesichtswasser. Dazu den Saft einer halben Orange, einer viertel Zitrone sowie etwas Zucker und Milch in einem Topf zum Kochen bringen. Frisch verwenden, sobald die Mixtur erkaltet ist.

Orangenblütenwasser

Orangenblütenwasser, in einer kleinen Kalebasse mit dem Saft einer Zitrone oder Limone kombiniert, wird auf Fingernägel aufgetragen, um zum Beispiel Nagelfarbe zu entfernen. Auf der Haut beseitigt es Verschmutzungen, die von harter Feldarbeit stammen, aber auch Nikotin-Verfärbungen.

Gutes von der Kakaobutter

Cremes aus Natursubstanzen sind nicht nur in unseren Breiten teuer. Wer sich die kreative Mühe macht, sie selbst zuzubereiten, wird jedoch durch sinnlichen Genuss entschädigt. Cremes aus Kakaobohnen nähren und machen die Haut wunderbar weich und geschmeidig.

Kakaobuttercreme

2 EL Kakaobutter
2 EL Schibutter
1 EL Bienenwachs
4 EL Sesamöl
1 EL Mandelöl

Alle Substanzen im Wasserbad sanft erhitzen und sehr gut verrühren, bis sie vollständig geschmolzen sind. Bevor die Masse erkaltet ist und eindickt, 2-3 Tropfen des Lieblingsdufts hinzugeben, zum Beispiel Vanille, Jasmin, Sandelholz.

Massagecreme für trockene Hautpartien

2 EL Kakaobutter
2 EL Schibutter
8 EL Mandel- oder Sesamöl

Im Wasserbad schmelzen und verrühren. Beim Abkühlen einige Tropfen des persönlichen Lieblingsdufts (etwa Moschus) zufügen. Das Rezept ergibt eine schwere, fette Creme, die gründlich in die Problemzonen einmassiert werden sollte.

Haarige Tipps

Süße Enthaarung I

Fünf Hände voll Zucker im Saft von drei Zitronen schmelzen und zehn Minuten leicht köcheln. Vom Feuer nehmen, Glycerin hinzuschütten, gut mischen. Die warme Melange mit einem Spatel auf die Beine auftragen, mit einem Tuch fest andrücken. Dann das Tuch von der Haut ziehen. Das tut zwar weh, denn es entfernt die Haare samt Wurzeln, hält aber dafür länger an.

Süße Enthaarung II

Erhitzt und mit dem Saft einer halben Zitrone verrührt, wird eine halbe Tasse Honig heiß auf die Haut aufgetragen und trocknet ein. Dann rubbeln und die Paste zusammen mit den Härchen entfernen. Mit Öl nachpflegen.

Glänzendes Haar

½ EL Honig
1 EL Kokosöl
1 Eigelb

Alles gut vermischen, gründlich ins Haar einmassieren, den Kopf mit einem Tuch umwickeln, einwirken lassen und gründlich mit warmem Wasser ausspülen. Die Wirkung tritt erst nach mehrmaliger Anwendung ein.

Kräftiges Haar

Afrikanerinnen verwenden ein einfaches Mittel: Linsen. Über Nacht werden zwei Tassen Linsen eingeweicht und so viel Wasser hinzugefügt, bis eine weiche Paste entsteht; gegebenenfalls im Mixer pürieren. Mit ihr das Haar, wie bei normalem Shampoo, gründlich einreiben und dann gut ausspülen.

Honigpackung gegen splissiges, stumpfes Haar

1 Ei
1 EL Honig
2 EL Kokosöl

Die Zutaten miteinander vermengen, gut einmassieren, unter Wärmeeinwirkung einziehen lassen, gründlich ausspülen. Öfters anwenden.

Spülungen für roten oder schwarzblauen Haarschimmer

Eine Handvoll Hibiskusblüten auf ein halbes Liter kochendes Wasser ergibt eine sanfte Spülung für die Haare und lässt sie rötlich schimmern. Eine Spülung aus Indigoblättern verhilft dunklen Haaren zu einem wunderbar schwarzblauen Glanz.

Tonerde ist das einfachste Färbe- und Stylingmittel für Haare in Afrika: Die rötliche Erde wird dazu mit dem stark färbenden Saft von Kolanüssen gemischt und auf die Haare aufgetragen. Anschließend werden sie in bizarre Formen modelliert. Frauen und Männer lassen sich auch Symbole oder interessante Muster in ihre kurz geschorenen Haare rasieren.

Kleine Schönheitstipps

Zitronen-Fingernagelfarbe

2 EL Henna
Saft einer Zitrone oder Limone
heißer, schwarzer Tee

Alles zu einer Paste vermischen. Die Finger- und Fußnägel gut polieren und dann die Mischung mit einem Pinsel auftragen, zehn bis 20 Minuten einwirken lassen, um die Nägel rötlich braun zu färben. Wenn die Farbe getrocknet ist, gründlich die Hände waschen.

Augencreme

½ EL geschmolzene Kakaobutter
1 EL Mandelöl
½ EL Honig
1 EL Papayasaft

Das Ganze wird verrührt und rund um die Augen sanft eingeklopft. Nachdem die Creme zehn Minuten eingezogen ist, den Rest mit Papiertüchern entfernen.

Lippencreme

1 EL Kakaobutter
1 EL Bienenwachs
2 EL Mandelöl

Alles schmelzen und verrühren. Die Creme mit weichen Raphiafasern einmassieren. Dadurch wird die Durchblutung angeregt, so dass kein Lippenstift zur Farbgebung nötig ist.

Ein schöner Mund

In Afrika benutzen die Menschen statt Zahnbürsten gerne Zahnholzstöckchen oder Kauhölzer von vielen unterschiedlichen Bäumen (zum Beispiel den Diospyros-Arten oder dem Irokobaum). Das Ende eines Stöckchens wird geschält und gekaut, bis es weich wie eine Zahnbürste wird. Einige Afrikaner haben das Zahnhölzchen den ganzen Tag im Mund, um darauf herumzukauen wie auf einem Kaugummi. Andere reiben damit intensiv nach jeder Mahlzeit auf Zähnen und Zahnfleisch hin und her, um den Belag zu entfernen und das Zahnfleisch zu massieren. Um einen angenehmen Geschmack im Mund zu haben, wird anschließend gründlich mit Wasser nachgespült. Die Zahnhölzer machen die Zähne glatt, weiß und glänzend und festigen das Zahnfleisch.

Um den Mund zu entgiften und Zahnfleischbluten zu verhindern, eignen sich Sonnenblumenkerne, die vor dem Frühstück etwa zehn Minuten gründlich gekaut und eingespeichelt werden. Der entstehende Brei wird anschließend ausgespuckt.

Gegen Mundgeruch helfen Anis, Koriander, Fenchel, Kümmel und zerstoßenes Süßholz: Jede dieser Zutaten kann einzeln oder zusammen gekaut oder auch je nach Geschmack in Wasser abgekocht und als Mundwasser zum Spülen und Gurgeln verwendet werden. Bei kleineren Verletzungen oder Geschwüren der Schleimhaut in Mund und Nase kann Indigopulver aufgetragen werden, um diese zu heilen.

Heute liegt in aller Ewigkeit von morgen.

Volksweisheit aus Botswana

Im Reich der Düfte

Silvia hatte ihren Abschluss in Medizin gemacht und wollte sich praktisch weiterbilden. Da fiel ihr eine Anzeige in die Hände, in der Ärzte für ein westafrikanisches Land gesucht wurden. Silvia bewarb sich erfolgreich und machte sich auf den Weg. Sie war nie zuvor in Afrika gewesen. Schon die schwüle Hitze überwältigte sie. Am Flughafen nahm sie sich ein Taxi zum Zielort. Der Fahrer Ahmed teilte ihr mit, die Fahrt würde drei Stunden dauern. Silvia glaubte vor Hitze in dem Auto umzukommen. Immer wieder ließ Silvia den Fahrer anhalten, um sich an Straßenständen Getränke zu kaufen. Gleichzeitig wunderte sie sich, dass Ahmed keinen Tropfen Flüssigkeit zu sich nahm und auch nicht schwitzte. Irgendwann reichte Ahmed ihr sein Taschentuch nach hinten, damit Silvia ihren reichlich fließenden Schweiß abtrocknen konnte.

Gleichzeitig erzählte er, um die sich endlos hinziehende Fahrt zu verkürzen, viele Geschichten über sein Land. Vier Stunden später setzte Ahmed die junge Ärztin aus Deutschland am Zielort ab. In den folgenden Tagen machte Silvia ihren Job, aber die Begegnung mit dem Taxifahrer ging ihr nicht aus dem Kopf. Eine Woche nach ihrer Ankunft gab sie endlich das verschwitzte Kleid zum Waschen. Beim Entleeren der Taschen fand sie Ahmeds Taschentuch. Zögernd roch sie daran, sog dann den Geruch tief ein: Sie roch Erde, einen Hauch von Benzin und irgendeinen anderen Geruch, den sie schon unbewusst im Taxi wahrgenommen hatte. Sie legte das Tuch zerstreut aus der Hand. Am Abend fand sie es dort, wo sie es abgelegt hatte – auf ihrem Kopfkissen. Dort blieb es, tags darunter verborgen, nachts neben der Schläferin, die jede Nacht von dem Mann aus dem Taxi träumte. Und immer wieder sog sie den berauschenden Duft des Taschentuches in sich hinein.

Zum Ende des Praktikums lief Silvia immer öfter zu den Sammelplätzen der Taxis, fragte nach Ahmed. Es war am Morgen vor ihrer Abreise, dass ihr endlich jemand verriet, wo sie ihn finden könne. Sie ließ sich hinbringen. Einen ganzen Tag verbrachten die beiden zusammen, Ahmed stellte Silvia seine Familie vor und fuhr sie zu einem Nationalpark. Mit Ach und Krach erreichte Silvia ihr Flugzeug. Ein Jahr lang schrieb sie Ahmed täglich einen Brief. Dann flog sie zum zweiten Mal nach Afrika. Diesmal, um zu bleiben. Erst jetzt fand sie heraus, was den eigentümlichen Geruch des Taschentuchs ausgemacht hatte: Ahmed ölte seine Haare mit einer Mischung aus Butterschmalz und Erde, die vom Kot seiner Ziegen verdreckt war. Ausgerechnet dieser Geruch war es, der Silvia von Anfang an fasziniert hatte.

Die eigene Duftnote

Wir sagen: »Ich kann ihn einfach nicht riechen!« Und meinen: Ich habe keine Ahnung, was mir an dem nicht passt. Denn der Geruchssinn empfindet nach den launischen Gesetzen der Subjektivität. Umso leichter kann man jemandem mit Haut und Haar verfallen, wenn ihn ein geheimnisvoller Duft umgibt. Mila riet deshalb, mir meine eigene Duftnote zu kreieren. Einen Duft, der nur mir gehört, der mich und Dinge, die mit mir in Zusammenhang stehen, umgibt. So wie in Silvias Fall: Es war das Taschentuch, das über seinen speziellen Duft unzerreißbare Bande selbst über große Entfernungen aufrechterhielt. Mila riet mir, meine eigene Seife und mein Shampoo mit diesem Duft herzustellen, Unterwäsche, Kleidung, Bettwäsche, selbst Briefpapier und Tinte damit zu parfümieren und sogar den Duftschälchen in meinem Büro in Lagos meine eigene Mischung beizugeben. Diese sei mit mir persönlich verbunden, schwebe unverkennbar im Raum, wenn ich schon längst gegangen sei.

Drogerien und Parfümerien stehen in Afrika nicht zur Verfügung, also ist Milas Fantasie gefragt. Die Grundlage für ihr Duftöl: Zu ein paar Tropfen Basisöl wie Mandel wird ein Tropfen des Lieblingsduftes gegeben und gut vermischt. Um den Duft zu verändern, kann jeweils ein Tropfen eines anderen Duftöls hinzugefügt werden. Je nach Stimmung lässt sich der Duft auf diese Weise variieren. Der angewandte Duft »manipuliert« andere – darin liegt die subtile Kraft der Magie.

Die Duftgärten der Natur

Während meiner Einweihung war es die Priesterin des Luftgeistes, die uns Frauen die verschiedenen Düfte erklärte. Sie sagte, dass diese Ängste beschwichtigen, das seelische Gleichgewicht herstellen, beleben, aktiv werden lassen oder schöpferische und spirituelle Elemente wecken können. Düfte können das Selbstvertrauen unterstützen, stärker auf das andere Geschlecht zu wirken und damit ein befriedigenderes Sexualleben zu schaffen. In den Duftgärten der weiten afrikanischen Natur gibt es unendlich viele Stoffe, die bestimmte Bedeutungen haben.

Sinnliche Düfte

Abelmoschus aus der Hibiscusblüte wirkt schwül-weich.
Jasmin verleiht Wünschen und Vorstellungen Ausdruck.
Melisse hat betörenden Reiz.
Muskatnuss wirkt weich, warm und weckt Hoffnungen.
Tonkabohne strahlt innere Ausgeglichenheit aus.

Sexuell stimulierende Düfte

Ambrette wirkt animalisch, regt die Leidenschaft an.
Anis belebt und schafft Klarheit.
Ingwer regt an, wärmt, stärkt, wirkt verschwenderisch.

Kardamom weckt das Erotische im Mann.
Krokodildrüsenextrakt macht draufgängerisch.
Orange wirkt strahlend, lebhaft, positiv.
Piment hat Kraft, Ausdauer, bringt in Fahrt.

Beruhigende Düfte

Benzoe schläfert ein und schirmt ab.
Bergamotte besticht die Sinne, verhilft zur Kontrolle.
Vanille wirkt als Freund und Tröster, bietet Sicherheit.
Zitrone entspannt und stimuliert zugleich.

Wie ätherisches Öl in Afrika hergestellt wird

Afrikanerinnen füllen einen Flaschenkürbis mit Wurzeln, Blättern oder Blüten einer möglichst frischen Pflanze, eines Krauts oder Gewürzes, nach dem das spätere Öl duften soll. Auf die Pflanzenteile wird reines Basispflanzenöl (beispielsweise Mandel oder Erdnuss) gegossen. Der Kürbis wird luftdicht verschlossen und in einem sonnenbeschienenen Erdloch drei Tage aufbewahrt. Jeden Tag muss das Gefäß mehrmals gut durchgeschüttelt werden. Am vierten Tag wird das bereits angereicherte Öl in einen zweiten Flaschenkürbis voller frischer Wurzeln, Blätter oder Blüten gegossen. Das Öl wird so oft mit frischen Zutaten kombiniert, bis es den gewünschten Duft angenommen hat. Zum Schluss wird das Öl durch einen feinen Filter gegossen und in einem dunklen, sehr gut zu verschließenden Gefäß aufbewahrt. Das so hergestellte ätherische Öl kann unverdünnt benutzt, mit anderen Duftölen oder mit edlen Pflanzenbasisölen (etwa Mandel, Sesam oder Erdnuss) oder mit Wasser vermischt werden. Haltbarer wird es durch ein paar Tropfen Benzoin.

Anwendung von ätherischen Ölen nach Zaynab

Ein Sitzbad zur Steigerung der Erlebnisfähigkeit wird der Empfehlung der Kräuterheilerin Zaynab zufolge gemixt aus einem Liter handwarmem Wasser mit je einem Tropfen Sandelholzöl, Jasminöl und Moschusöl. Ungefähr zehn Minuten lang werden die Geschlechtsteile vor dem Liebesabenteuer in einer Schüssel gebadet.

Ätherische Öle, um das sexuelle Verlangen zu steigern, sind Zimt, Muskat, Koriander, Tonkabohne, Piment. Sie können tropfenweise dem Waschwasser oder einem Basisöl (zum Beispiel Mandel oder Jojoba) zugesetzt und als Massageöl verwendet werden.

Zaynab machte gute Geschäfte mit ihrem Massageöl zur Steigerung der Empfängnisbereitschaft. Es enthält jeweils fünf Tropfen ätherisches Öl aus Zitronengras, Anis und Fenchel in einer kleinen Kalebasse Pflanzenbasisöl. Das Massageöl soll einmal täglich – mehrere Wochen lang – intensiv in Bauchdecke, Becken und untere Rückenpartie einmassiert werden.

Zaynabs Massageöl für die Zeugungsfähigkeit des Mannes besteht aus aufgekochten Damianablättern, geriebenem Sandelholz, Krokodildrüsenextrakt und Kümmelöl in einer kleinen Kalebasse Pflanzenbasisöl. Bauchmuskeln, Becken und untere Rückenpartie sollen damit mehrmals täglich eingerieben werden.

Zaynabs Massageöl für einen straffen, gepflegten Körper: Je ein paar Tropfen Zitronengrasöl, Limonenöl, Wacholderöl in 30 Milliliter Pflanzenbasisöl vermischen und täglich in die Problemzonen des Körpers stark einmassieren.

Wäschepflege

In Afrika breiten die Frauen ihre Wäsche zum Trocknen über duftenden Büschen aus oder bestreichen sie mit Vanilleschoten und Orchideenblüten. Zedernholzstücke werden in die Wäschetruhe gelegt – mit der Nebenwirkung, Motten fern zu halten. Gegen die weit verbreitete Termitenplage helfen sie leider nicht.

Herstellung von Liebesduft-Pulver

Eine einfache Methode, die ich von Johns Cousine in London erlernte, bietet die Duftherstellung aus fein zerstampftem Holz: dazu ein paar Tropfen Jasmin-, Zimt- oder Moschusöl für ein ganz besonders wirksames Liebesduft-Pulver auf eine rote Puderbasis (Sandelholz) träufeln.

Gut riechende geheime Liebes- und Potenzmittel sind zahlreich. Und wenn man daran glaubt, helfen sie auch, wie ein Erlebnis aus Lagos zeigt: Mary war voller Misstrauen ihrem Mann Steve gegenüber; hinter allem vermutete sie Untreue. Als sie beim Reinigen seiner Hose in den Taschen ein Stück duftende Baumrinde fand, redete ihre Freundin ihr prompt ein, dass Männer solche Rindenteile nur dann mit sich führen, wenn sie eine andere Frau verführen wollen. Mary eilte zu ihrer Zauberin, um ein Gegenmittel zu bekommen. Die Heilerin klärte Mary auf: Die gefundene Rinde stammte von einer Mahagonisorte, deren Baumkruste die männliche Potenz aufrechterhält. Die Heilerin fragte, wie es denn so mit Mary und Steve liefe. Mary gestand, dass es eine Zeit gewisser Trägheit gegeben hätte. Doch das wäre wieder besser. »Dann lass die Rinde besser in Steves Hosentasche, aber gebe ein paar Tropfen deines persönlichen Duftöls darauf. Richte deine Lagerstätte für Steve ganz besonders liebevoll her und streue jede Nacht unter Steves Schlafmatte ein Liebespulver«, riet die Zauberin der besorgten Ehefrau.

Der Duft Afrikas – Räucherungen!

In Deutschland hatte ich mich zur Parfüm-Liebhaberin entwickelt. Als ich nach Nigeria reiste, nahm ich viele Flakons und Body-Lotions mit. Aber ich stellte schon bald fest, dass meine in Deutschland meist trockene Haut in Afrika viel feuchter war. Entsprechend rochen die guten französischen Duftnoten anders. Zunächst schob ich das auf meinen veränderten Stoffwechsel, bis ich herausfand, dass die Duftwässerchen und Lotionen durch die Hitze sich selbst auch veränderten. Die Aufbewahrung im Kühlschrank konnte die kostbaren Substanzen nicht retten: Eins ums andere verdarb. Dann lernte ich Victor kennen, der von seinen regelmäßigen Reisen nach Europa unzählige – und zwar große! – Packungen französischer Duft-Preziosen mitbrachte. Unsummen von Geld steckten darin. Ich füllte ab und verschenkte es an Hausangestellte, die sich darüber freuten und es gerne verwendeten.

Erst als ich die weisen Frauen des Einweihungslagers im Busch kennen lernte, fand ich heraus, wie die Frauen vor der Erfindung des Parfüms ihren Körper mit lockenden Düften verschönten: Sie räuchern sich. Das tun sie natürlich nicht, bevor sie mit ihren Kindern auf dem Rücken zur Feldarbeit wandern. Sondern ganz gezielt, um ihren Mann zu verführen. Die besondere Aufmerksamkeit ihrer Bemühungen gilt dabei den Haaren und dem Unterleib. Räuchern ist etwas komplizierter als ein paar Tropfen Parfüm in den Ausschnitt oder hinter die Ohren zu tupfen: In den Boden wird ein Loch gegraben und mit Holzscheiten von Sandel- und Akazienholz gefüllt. Das Holz wird angezündet und die Glut mit wenig Wasser, Saft oder Kokosmilch gelöscht. In die rauchende Holzglut werden nun verschiedene Kräuter und Gewürze gestreut. Die Frauen kauern sich über den Rauch, nachdem sie ihren nackten Körper sorgfältig eingeölt und den *wrapper* wie ein Zelt über sich und das Loch im Boden gebreitet haben, so dass der Rauch kaum entweichen kann. In dem Heißluftbad unter dem Tuch schwitzen sie so stark, dass sich die Poren der Haut und die Schleimhäute öffnen und dabei den Geruch der schwelenden Hölzer und Kräuter aufnehmen. Zusammengekauert bleiben die Frauen in dem Rauch etwa 20 Minuten sitzen. Anschließend an die Räucherung reiben sie großzügig eine Ölmischung aus Zimt, Nelken, Limetten, Akazien oder Sandelholz in Haut und Haare ein.

Natürlich werden für die Räucherungen und anschließende Ölmassagen nicht irgendwelche Duft- und Räucherstoffe verwendet. Der Duft richtet sich nach dem jeweiligen Zweck des Rauchbades: Muss die Frau überhaupt erst mal auf sich aufmerksam machen oder hat der gestresste Gemahl ein Problem mit seiner Männlichkeit? Ist die Frau vielleicht selbst nicht in der richtigen Stimmung? Solche Fragen sind von zentraler Bedeutung. Die Beantwortung liegt natürlich auch in der Hand der weisen Frauen, die neben allerlei Fetischen und der Befragung von Orakeln auch die richtige Duftmischung zur Räucherung kennen.

Sexuelle Lust wird nicht direkt, sondern durch die entsprechende Räucherung angezeigt. In sanfter Glut schwelende Hölzer und Kräuter verströmen den entsprechend betörenden Duft von Sinnlichkeit:

Akazienholz regt Körpersäfte an.
Baobabholz wirkt dominant.
Myrrhe hat eine verführerische Wirkung.
Sandelholz ist sehr maskulin, beruhigt und verführt.
Zedernholz verleiht harmonische Kräfte und Stärke.
Zimtholz wirkt verführerisch und einnehmend.

Drei beliebte Räuchermischungen aus Kräutern und Hölzern

Um die Liebe eines Mannes anzuziehen, empfahl die Priesterin eine Grundmenge aus gleichen Teilen Akazien- und Sandelholz. Auf das schwelende Holz zu gleichen Teilen getrocknetes Zitronengras und Orangenblüten legen. Das durch die trockenen Blätter aufflackernde Feuer sofort mit frischer Kokosmilch löschen.

Beflügelnde Wirkung wird den Blättern des Damianastrauchs oder der Rinde des Yohimbebaums zugeschrieben; sie werden auf Akazienholz verräuchert.

Aus geraspelter Rinde der Akazie, dem Extrakt der Weichselkirsche, pulverisiertem Sandelholz und getrocknetem Zitronengras entsteht eine Räuchermischung für die Haare, die angeblich auf Männer unwiderstehlich wirken soll.

Frauen, die öfter ihre Haare räuchern, stellen eine größere Anzahl von Räucherkegeln her und verwenden dazu etwa gleich viel Holzkohlepulver und pulverisierte Myrrhe, eine kleine Menge pulverisierter Benzoe sowie zwei bis drei Tropfen Bergamotte- und Sandelholzöl sowie etwas Kaliumnitrat und Tragantschleim, damit die Mischung besser räuchert. Das Pulver wird gesiebt, gemischt, dann werden zuerst die Öle, das Kaliumnitrat und schließlich Tragantschleim hinzugefügt, bis eine steife Paste entsteht. Daraus werden kleine Kegel geformt, die auf einer nicht brennbaren Unterlage verräuchert werden, während die Frauen ihre feuchten Haare in den Rauch halten.

Zwei Löffel passen nicht in denselben Mund.
Weisheit aus Kamerun

Das Fest für den Gaumen

Bis heute gibt es nur wenige afrikanische Restaurants in Deutschland, obwohl afrikanisches Essen hervorragend schmeckt. Allein der Anblick kann ein Genuss sein. Wer gerne wie die Afrikaner mit den Fingern isst, aktiviert zusätzlich die Hautsinne. Das Essen hat es in sich: Afrikanische Gerichte stacheln durch ihre Schärfe oder Süße den Geschlechtstrieb an.

Afrikaner waren stets bereit, Impulse von außen in ihre Küche zu integrieren. Durch kulturellen Hintergrund, Religion und klimatische Beschaffenheiten bestimmt, ist sie entsprechend vielfältig. Die exotische Note bekommen die Gerichte durch Kräuter wie Koriander und Gewürze wie Piment und Chili, die afrikanische Köchinnen großzügig verwenden. Je schärfer, desto lieber. In manchen Gegenden Westafrikas wird sogar der Palmwein mit Pfefferschoten und Salz gewürzt. Pfeffer (zum Beispiel Piment, Malaguetta, Pilipili, Chili, Cayenne), Zimt, Ingwer, Kardamom, Muskat und Nelken sind Gewürze, die die Kraft müder afrikanischer Männer weckt.

Mildes Essen wird dagegen oft als ungenießbar abgelehnt: Das einzige Mal, dass ich meine alles verzeihende Mutter richtig böse werden sah, war, als John ihr Gulasch im Spülbecken von der ihm viel zu milden Sauce befreite und eine neue mit Chili kochte. Die allerdings verschmähte nicht nur mein Vater. Das störte John wiederum überhaupt nicht.

Für Fleisch gibt es viele Marinaden, Pasten und Würzmischungen. Süßspeisen wurden durch die Araber und den Islam nach Afrika gebracht und dort mit einheimischen Früchten angereichert. Mit den Gewürzen und dem Gaumen verhält es sich so wie mit den Düften und der Nase: Geschickt eingesetzt, kann man sich ihrer Wirkung nicht entziehen. Das Problem mit jenen – gleichsam magisch – das Verlangen weckenden Kräutern liegt in deren Frische. Der Körper reagiert nur dann mit gesteigerter Hormonausschüttung, wenn die Gewürze erst wenige Stunden vor ihrer Verwendung geerntet wurden. Deshalb macht es auch keinen Sinn, sich Pflanzen aus Afrika schicken zu lassen. Während des Transportes verlieren sie ihre »magische« Kraft.

In der Zeit meiner Einweihung sollte ich eine dieser Pflanzen vor Sonnenaufgang beschaffen. Die Heilerin schärfte mir ein, das Gewächs schnellstens zu ihr zu bringen. Sobald die ersten Strahlen der warmen Sonne auf das Pflänzchen fallen, begännen (chemische) Prozesse, die die beabsichtigte Wirkung zunichte machen würden.

Um gewissermaßen über das Essen den Partner in Stimmung zu bringen, werden in Nigeria besonders Pfeffersorten wie Cayenne, Cupeba und Chili eingesetzt, die sowohl die männliche Potenz anregen als auch Frauen »scharf« machen. Die zarte, junge Ingwerwurzel, fein gerieben, wirkt ebenso sexuell stimulierend wie das in unseren Breiten auf dem Balkon gedeihende Basilikum.

Vegetarier haben es mit afrikanischer Küche schwer. Es gibt zwar köstliche Gemüsegerichte – wie kurz in Öl gebratene Yamsstücke, Süßkartoffeln oder Kochbananen, die mit einer feurig scharfen Pfeffersauce serviert werden –, aber ein Afrikaner sieht ein Gericht nur als »ordentlich« an, wenn es Fisch, Fleisch oder Schnecke enthält. Wer kein Fleisch isst, tut es meist nur, weil es ein kostspieliger Genuss ist. Ziege, Hammel, Huhn stehen immer auf der Speisekarte, wenn ein Gast sich anmeldet. Das Fleisch ist oft zäh und wird deshalb mit einigen Würfeln grüner Papaya gekocht oder mariniert.

Fleisch oder Fisch in Erdnusssauce (für 6 Personen)

Victor beschäftigte einen wunderbaren Koch, der immer wieder unser Leibgericht zubereitete. Es lässt sich, wie sehr viele nigerianische Hauptgerichte, leicht variieren. In der Luxusvariante werden Riesenshrimps mit zartem Rindfleisch kombiniert.

500 g Rindfleisch, Shrimps oder Stockfisch
1 große Zwiebel
8 Tassen Wasser
4 Tomaten
2 Auberginen
1 Tasse Erdnussbutter
Cayennepfeffer

Das klein geschnittene Fleisch mit gehackter Zwiebel, Salz und etwas Wasser in einem Topf aufsetzen. Die ungeschälten Tomaten und Auberginen beigeben, bis sie weich gekocht sind. Dann herausnehmen. Die Erdnussbutter mit dem Rest des Wassers vermischen und in die Sauce geben. Tomaten zerdrücken und mit schwarzem Pfeffer, Cayennepfeffer und dem Fleisch in den Topf geben. Einige Minuten unter Umrühren stark kochen, dann die Hitze reduzieren und ungefähr 30 Minuten weiterkochen. Die Auberginen schälen und mitkochen. Die Speise wird mit gekochter Yams oder Reis serviert.

Rons Fischsuppe (für 6 Personen)

Ein traditionelles Rezept aus Nigeria, das mein Koch Ron meisterhaft zubereiten konnte.

4 große Yamswurzeln
¼ Tasse Palmöl
500 g frischer Fisch
250 g Trockenfisch
¼ Tasse Trockenshrimps
1 TL Cayennepfeffer
Spinatblätter (original afrikanisch sind *bitterleaves*)

Yams schälen und in Stücke schneiden. In einem Topf mit 1 l Wasser und Palmöl kochen, bis sie weich ist. Die Yams zerstampfen. Eine Hälfte zur Seite stellen, die andere zu einer Paste verarbeiten und mit Wasser aufschütten. Etwa fünf Minuten kochen, bis die Paste dicker wird. Den Fisch und die Trockenshrimps separat weich kochen, zur Paste geben, Pfeffer hinzufügen. Die Spinatblätter zerschneiden, fünf Minuten mitkochen. Der Yamsbrei bildet die Beilage, ähnlich wie Kartoffelbrei.

Schnecke in scharfer Sauce (für 4 Personen)

In Nigeria leben urzeitlich anmutende Riesentiere. Während eines Ausflugs zu einem Wunderheiler wurde mir dieses Gericht serviert. Es war so höllisch schweißtreibend-scharf wie die Absichten von John.

1 Riesenschnecke oder 500 g Weinbergschnecken
frischer afrikanischer Pfeffer
1 Bund Petersilie
1 Tasse Palmöl

Die Schnecke (oder jeweils fünf Stück) salzen, pfeffern und in Bananenblätter oder Aluminiumfolie wickeln. In Holzkohlenglut oder im Backofen zehn Minuten garen. Zerstoßenen Pfeffer und gehackte Petersilie mit Öl verrühren. Die Schnecken auswickeln und vor dem Servieren mit der Sauce übergießen.

Fischbällchen Lagos (für 4 Personen)

Eine nahrhafte Kalorienbombe, so recht nach Milas Geschmack. Denn sie beherzigte das afrikanische Motto, dass ein runder Bauch Ausdruck der Lebensfreude ist.

500 g Fischfilet
2 EL Butter
100 g Mehl
400 ml Sahne
frischer Thymian
1 Zitrone (Saft)

1 Ei
Paniermehl
Pflanzenöl

Den Fisch dünsten, bis er fast zerfällt. Butter schmelzen, Mehl einrühren und hellgelb werden lassen. Sahne hinzugießen und gut durchrühren. Den Fisch beigeben, salzen, pfeffern, mit Thymian und Zitronensaft abschmecken, gut durchmischen. Zehn bis 15 Bällchen formen und in verschlagenem Ei und Paniermehl wälzen und in reichlich Öl schwimmend ausbacken.

Lammfleisch mit Okra (für 4-5 Personen)

Okra wird beim Kochen sämig und passt gut zu scharfen Gewürzen.

750 g Lammgulasch
grob geschrotetes Vollweizenmehl
Erdnussöl
4 gehackte Zwiebeln
2 EL Tomatenmark
2 gehackte Pfefferschoten
250 g Okra

Das Fleisch in Mehl wenden. Öl erhitzen, Fleisch und Zwiebeln anbraten und mit reichlich Wasser ablöschen. Tomatenmark und Pfefferschoten beifügen und bei mittlerer Hitze unter Umrühren kochen. Die Okra klein schneiden und beigeben. Mit Salz abschmecken und gar kochen. In der Zwischenzeit 1 Tasse Mehl mit ½ Tasse Wasser verrühren. Im Wasserbad 30 Minuten köcheln. Den Brei kräftig durchschlagen und kurz abkühlen lassen. Klößchen formen und in leicht gesalzenem Wasser zehn Minuten garen. Vor dem Servieren das Lammragout über die Klößchen geben.

Moyin-Moyin (für 4 Personen)

Yemi brachte mir dies weit verbreitete nigerianische Gericht nah. Es ist preiswert und ebenfalls höchst variabel: Je nach Anlass kann der Fisch teuer oder preiswert gewählt oder die Gewürzmischung je nach Absicht abgestimmt werden.

1 ½ Tassen Augenbohnen
2 kleine Zwiebeln
2 Tomaten
½ TL Pfeffer
1 Tasse Palmöl
250 g Trockenfisch
250 g Shrimps
1 gekochtes Ei (nach Geschmack)

Bohnen einweichen, waschen und die Häute im kalten Wasser durch Reiben entfernen (was leider sehr mühsam ist). Die Bohnen mixen, bis eine feine Paste entsteht. Zwiebel, Tomaten und Pfeffer zugeben, miteinander vermixen. Palmöl etwas erhitzen und dazugießen. Löffelweise die Mischung in Bananenblätter (wir werden wohl zu Alufolie greifen müssen) geben und in die Mitte Fisch, Shrimps oder eventuell ein gekochtes Ei legen. Eine Stunde in kochendem Wasser bei mittlerer Temperatur kochen und warm mit Beilage servieren.

Gulasch für John (für 4 Personen)

Ein traditionelles nigerianisches Essen, das ich nach Johns Anleitung bei jeder Gelegenheit kochte, denn es eignete sich bestens, wenn unangemeldet Freunde auftauchten – also immer.

500 g Fleisch (Lamm, Schwein, Rind)
2 EL Tomatenmark
¼ l Pflanzenöl
½ TL gemahlener Pfeffer
2 gehackte Zwiebel
2 frische Tomaten
2 große Paprika
4 Okraschoten

Fleisch klein schneiden, in 1 l Wasser weich kochen. Das Fleisch aus dem Sud nehmen und mit Tomatenmark in Pflanzenöl anbraten. Herausnehmen, Pfeffer sowie sämtliche klein geschnittenen Gemüse im gleichen Öl ebenfalls anbraten. Fleischstücke und -sud zufügen und weitere 15 Minuten kochen. Yamsbrei, Garri oder Reis als Beilage wählen.

Scharfes Huhn (für 4 Personen)

Geflügel ist in Afrika ebenso beliebt wie bei uns. Und meistens kommt es als Eintopf auf den Tisch, denn eine Bratröhre ist in den unter freiem Himmel aufgebauten Küchen, die nur aus einer Ansammlung großer Töpfe auf offenem Feuer oder Propangas-Kochern bestehen, fast unbekannt.

1 Huhn oder Hahn
3 Zwiebeln
6 frische Tomaten
roter Pfeffer
Chilipulver
¼ l Erdnussöl
2 große rote Pfefferschoten
1 ½ Tassen Reis

Huhn oder Hahn, eine Zwiebel und zwei Tomaten in kleine Teile schneiden. Die Geflügelteile mit Pfeffer und Chili würzen und 30 Minuten darin marinieren; dann in Öl scharf anbraten und aus dem Öl herausnehmen. Zwei Zwiebeln, vier Tomaten und die Pfefferschoten im Mixer pürieren. Das gleiche Öl benutzen, in dem die Geflügelteile angebraten wurden, um die pürierten Gemüse ebenfalls anzubraten. Dann Geflügelteile zugeben und gar kochen. Währenddessen den Reis waschen und kochen, um anschließend das im Öl angebratene Gemüse und Geflügel unter Umrühren zuzugeben. Während des weiteren Kochvorgangs immer wieder gut durchrühren. Wenn der Eintopf fast gar ist, klein geschnittene Tomaten und Zwiebel zugeben und die Temperatur reduzieren. Nur noch kurz aufkochen und mit Spinat servieren.

Akara (für 4 Personen)

Ein nigerianisches Volksgericht, das wenig kostet und im Haus von Johns Schwager oft zubereitet wurde.

1 ½ Tassen Augenbohnen
¼ TL Cayennepfeffer
1 kleine Zwiebel
2 Eier
½ Tasse Palmöl

Bohnen etwa zehn Minuten einweichen, waschen und die Häute im kalten Wasser durch Reiben entfernen (was leider sehr mühsam ist). Die Bohnen zu einer Paste mixen, Salz, Cayennepfeffer und Zwiebel dazugeben. Mit etwas Wasser nochmals mixen. Die Eier hinzugeben. Palmöl erhitzen, die Paste zu kleinen Bällchen formen und im Öl ausbacken, bis sie goldbraun sind. Heiß servieren.

Pfeffereier (für 4 Personen)

8 Eier
6 Tomaten
1 Stück Ingwerwurzel
3 gehackte Zwiebeln
3 gehackte Pfefferschoten
8 Scheiben Weißbrot

Die Eier hart kochen, schälen und zur Seite stellen. Tomaten würfeln, Ingwer hacken. Mit Zwiebeln und Pfefferschoten im Mixer pürieren. Die Paste mit Salz abschmecken und auf vier Teller verteilen. Pro Person zwei Eier und zwei Schreiben Brot anrichten und servieren.

Heiße Liebessauce

Empfiehlt sich zu vegetarischen Gerichten wie gebratenen Yams, denn diese Kombination liegt nicht schwer im Magen.

6 Tomaten
1 Ingwerwurzel
3 gehackte Zwiebeln

3 gehackte Pfefferschoten

Die Tomaten würfeln, die Ingwerwurzel hacken, mit Zwiebeln und Pfefferschoten pürieren, mit Salz abschmecken.

Grillpulver

Zum Einreiben von Fleisch vor dem Grillen verwendete es Victors Koch. Die Ingwerwurzel schmeckt jung und hell am besten und ist nicht so scharf, wirkt aber trotzdem als Aphrodisiakum.

1 Tasse getrocknete Maiskörner
1 EL Mehl
1 EL Cayennepfeffer
½ TL geriebene Muskatnuss
½ TL frisch geriebener Ingwer
2 EL Paprika
2 EL Curry
1 EL gemahlene Erdnüsse
je 1 TL schwarzer und weißer Pfeffer

Den Mais ohne Öl 8 Minuten rösten und zu Pulver mahlen. Mehl untermischen. Die übrigen Zutaten zugeben und gut vermengen.

Knollenbrei

Diese Beilage kann aus allen üblichen Knollen hergestellt werden: Maniok, Cassava, Yams, Cocoyams oder Süßkartoffeln. Leider ist die Zubereitung, in der ich mich nur während meiner Einweihungszeit übte, sehr mühselig: Die Knollen schälen, in Stücke schneiden, mit einer Prise Salz in Wasser kochen und anschließend zerstampfen. Auch Kochbananen können so zubereitet werden.

Garri-Brei oder Eba (für 4 Personen)

Auf den Märkten Afrikas findet man sie überall – die dicken Maniokwurzeln. In großen Mörsern, zumeist ausgehöhlten Baumstämmen, werden sie zerstampft: Hausarbeit gleicht oft Krafttraining. Gelobt sei also die industrielle Fertigung von Garri-Pulver aus der Tüte …

1 l Wasser in einem großen Topf aufkochen. 500 g Garri hineinstreuen, so dass fast das ganze Wasser aufgesogen wird. Mit einem großen Holzlöffel rühren und schlagen, bis ein weicher Brei ohne Klümpchen entsteht. Garri kann auch mit kaltem Wasser und Zucker für ein Frühstück zubereitet werden – für alle Haferschleim-Fans eine nährende Speise. Aber: Es geht auch anders …

Garri für Gary

Ich hätte es nicht für möglich gehalten: Garri-Brei eignet sich auch für den Liebeszauber. Das erzählte mir Amina, mit der ich mich durch meine Arbeit in einem Büro in Lagos angefreundet hatte. Amina, eine 38-jährige Frau mit einer durch die Geburten von drei hübschen, aber auch anstrengenden Kindern etwas aus den Fugen geratenen Figur, erzählte mir, dass sie ihren Mann Gary im Verdacht hatte, sie zu betrügen. Wenn Gary nach Hause käme, viel später als bislang, würde er nach fremdem Parfüm riechen. Zunächst suchte Amina die »Beraterin« Mila auf, deren Orakel Aminas Verdacht bestätigte. Beschwingt von den Tipps der »Beraterin« machte sie sich an die Arbeit: In einer Vollmondnacht verbrannte sie Sandelholz, betupfte sich mit besänftigend wirkendem Zitronengrasextrakt und streichelte ihre erogenen Zonen, bis die Liebessäfte flossen. Leise summte sie jenes Lied, das sie beide als verliebtes Paar so sehr gemocht hatten, und wusch dabei ihr Geschlecht in einer flachen Schale mit klarem Wasser, in das sie ihren Speichel mischte.

Mit einem liebevollen Lächeln servierte Amina ihrem Gary am nächsten Morgen sein Frühstück: Garri-Brei, zubereitet aus jenem Wasser, das sie in der Nacht zuvor erotisch angereichert hatte. Der sanfte und gleichzeitig Garys animalische Kräfte weckende Duft der Hibiskus-Art Ambrette umschmeichelte Aminas Haut, als Gary an diesem Abend überpünktlich heimkehrte, so wie sie es aus den Anfangstagen ihrer Liebe gewohnt war. Schon erstaunlich, wie man aus einem bodenständigen Grundnahrungsmittel ein Zaubermittel machen kann!

Yams – das Volksnahrungsmittel Afrikas

Die dicke Yamswurzel wird in der nigerianischen Küche gern verwendet. Die geschälte Wurzel wird in heißem Öl gebraten; so bleibt sie angenehm fest und wird nicht mehlig. Sie wird warm mit scharfer Sauce gegessen (ein Imbissgericht von der Straße) oder kalt zu einem Salat verarbeitet (für 4 Personen):

500 g gekochte Yams
1 mittlere Zwiebel
2 frische Tomaten
3 gekochte Eier
gekochte Bohnen oder Erbsen

Yams in kleine Stücke, Zwiebel und Tomaten in Ringe und die Eier in Hälften schneiden. Mit Bohnen oder Erbsen vermischen, eine scharfe Salatsauce unterziehen und kalt servieren.

Kochbananen

Kochbananen sind nicht süß und eignen sich zum Braten. In heißem Öl bleiben sie fest. Nicht zu knapp gesalzen (wichtig bei hohem Wasser- und Salzverlust) und ausgebraten bilden Kochbananen das Nationalgericht Dodo, das mit Reis serviert wird. Das Schälen hinterlässt an den Händen klebrige Spuren, die schwer abzuwaschen sind. Ich lernte deshalb, die Kochbananen in kaltem Wasser zu schälen.

Kochbananen eignen sich als Basis für ein magisches Ritual, von dem Mila behauptet, eine Frau könne damit ihren Liebsten an sich binden: Die Früchte werden mit ein paar Tropfen des eigenen Blutes beträufelt und zusammen mit dem Hoden eines Rammlers und der Leber einer Taube getrocknet und pulverisiert. Von diesem Pulver wird über das scharfe Essen des Geliebten eine Prise gestreut. Wer daran glaubt, macht sich diese Mühe an einem Freitag, denn das ist der Tag der für magische Belange zuständigen Orisha Oja.

Kochbananenchips dienen als höllisch scharfe Beilage oder Snack zum Palmwein:

4 reife Kochbananen
Jodsalz
3 rote Chilischoten
¾ l Öl
1 TL geriebener Ingwer

Die Bananen in 1 cm dicke Scheiben schneiden und 20 Minuten in Salzwasser ziehen lassen. Chilischoten entkernen, abspülen und würfeln. Öl erhitzen und Chiliwürfel hineingeben. Bananen trockentupfen und etwa drei Minuten knusprig frittieren. Das Öl abtropfen lassen und die Bananen mit Ingwer bestreuen.

Süßspeisen

Da Alkohol in islamischen Gebieten verpönt ist, sind extrem süße Nachspeisen sehr beliebt – sie ersetzen den verbotenen Alkohol.

Obstsalat in süßer Sauce

Dazu werden frische Früchte nach Belieben verwendet: Ananas, Bananen, Papayas, Mangos, Pomelos, Sternfrüchte. Schon die Auswahl auf dem großen, sinnenfrohen Markt ist ein Genuss. Aber – selbst für eine studierte Betriebswirtin wie mich – eine harte Schule, wenn es ums Aushandeln eines günstigen Preises geht. Ron, der Koch meines Single-Haushalts, kaufte natürlich billiger ein. Wovon ich wenig profitierte, denn Ron gab den Preisvorteil an seine Familie weiter … Aber sein Obstsalat war einmalig. Den Früchten fügte er hinzu:

1 Prise Cayennepfeffer
1 EL flüssiger Honig
2 EL Raspel einer frischen Kokosnuss
1 Dose süße Kaffeesahne

Ananas würfeln und in wenig Wasser fünf Minuten kochen. Die Papaya klein schneiden, zugeben und aufkochen. Vom Herd nehmen und abkühlen lassen. Die anderen Früchte zerteilen und mit einer Prise Salz und Cayennepfeffer bestreuen. Gekochte und rohe

Früchte auf einer Platte anrichten, den flüssigen Honig unterziehen. Mit Kokosraspel bestreuen und mit Kaffeesahne übergießen. Und hinterher die Beine hochlegen und den Sonnenuntergang genießen …

Süße Liebestropfen

Die Frucht des Schinussbaumes schmeckt sehr süß. Sie dient, wie Honig, als kulinarischer Köder. Öl aus den stark fetthaltigen Nüssen und unverdünnter Honig werden vermischt und verdünnt als Liebestropfen den verschiedensten Süßspeisen beigemengt.

Der heiße Kuss

Eine Leckerei, die Victors Koch liebevoll zubereitete und damit den Geschmack seines Chefs bestens traf. Denn aus England, wo er aufgewachsen war, war Victor an süße Speisen gewohnt. In Nigeria ist dies eigentlich eine Nachspeise, aber ein figurbewusster Mann wie Victor nahm sie zum Tee um fünf. Die Kalorien setzte er danach in zärtliche Energie um …

Für den Teig:
2 EL Butter
1 ½ Tassen Mehl
2 geschlagene Eiweiß
1 Eigelb
1 Tasse Pflanzenöl
Für den Sirup:
2 ½ Tassen Zucker
1 TL Rosenwasser
1 TL Zitronensaft
rote Lebensmittelfarbe

Für den Teig Butter schmelzen, bis sich deren Farbe ändert. Mehl und 1 TL Salz dazugeben und alles zu einer Paste verrühren. Langsam 1 ¾ Tassen Wasser zugießen. Zehn Minuten köcheln, dabei umrühren. Auf Zimmertemperatur abkühlen lassen, dann Eiweiß und Eigelb hinzufügen und gut unterziehen. Die Masse auf ein Brett legen und gut durchkneten. Aus dem Teig viele kleine Röllchen formen. In erhitztem Öl goldgelb braten, abtropfen lassen.

Für den Sirup Zucker in 3 Tassen Wasser mit Rosenwasser und Zitronensaft auflösen und unter gelegentlichem Umrühren 15 Minuten kochen. Abkühlen lassen, Lebensmittelfarbe unter Rühren zugeben. Die Röllchen auf einem Teller paarweise anordnen, so dass sich die Form von Kussmündern ergibt; mit Sirup übergießen und heiß servieren. Diese Menge reicht für vier oder mehr Leckermäuler.

Scharfe Erdnussbananen (für 4 Personen)

Afrikanische Rezepte, die der Liebesmagie dienen, sind nichts für HungerkünstlerInnen! Hier vereinen sich Schärfe und Süße aufs Feinste – gerade so, wie die Liebe sein soll. Afrikanisch, das heißt feuerscharf zubereitet, dienen diese Erdnussbananen gewissermaßen als Vorspiel.

200 g Erdnüsse
¼ Ananas
Palmöl
1 gehackte Zwiebel
Curry
Zucker
Zitronensaft
1 Tasse Ananassaft
3 Bananen
2 Eigelb

Die Erdnüsse mahlen, die Ananas klein schneiden. Das Öl erhitzen und die Zwiebel anbraten. Erdnüsse und Ananas beifügen. Mit Curry, Zucker, Zitronensaft und Pfeffer würzen. Bei starker Hitze drei Minuten braten. Mit Ananassaft ablöschen und unter Rühren 20 Minuten köcheln. Die Bananen in große Stücke schneiden und in Öl goldbraun braten. Die Eigelb verschlagen, die Bananen darin wenden und in reichlich Öl ausbraten, bis sie knusprig sind. Vor dem Servieren mit der Sauce übergießen.

Bananen- und Kokosnusspudding (für 4 Personen)

Victor, aus England an die vielen *puddings* gewöhnt, bekam von diesem nie genug.

1 kleine Kokosnuss
2 Eier
1 TL Zucker
1 Tasse Kokosnussmilch
2 reife Bananen

Die Kokosnuss zerkleinern. Die Eier mixen, Zucker und Kokosnussmilch zugeben. Die Bananen zerdrücken und mit Kokosnuss, Eiern und Kokosmilch vermischen. In eine feuerfeste Schale füllen und im Ofen bei 150 Grad backen. Kann heiß oder kalt gegessen werden.

Wie man jede Art von Durst löschen kann

Zu den Mahlzeiten wird in Afrika meistens reichlich Wasser serviert. Besonders im Norden ist starker, süßer Tee sehr beliebt. Aus dem Blütenschaft der Kokospalme wird Palmwein gewonnen, ein bewährtes Aphrodisiakum, das auch manchmal mit giftigen Stechapfelsamen versetzt getrunken wird, was nicht ungefährlich ist. Palmwein, Bier, verschiedene Schnäpse und angereicherte Weine werden in nicht-moslemisch geprägter Umgebung gern getrunken.

Arrak, der auch aus Palmwein, Reis oder Melasse gebrannt wird, schmeckt ähnlich wie Rum. Und dann gibt es Getränke, die nicht des Durstes wegen oder zur Hebung der Stimmung getrunken worden, sondern aus einem eindeutigen Zweck – um die Liebe zu beflügeln.

Das Geheimnis von Zaynabs Liebestee

Zaynab legt im Gegensatz zu Mila Wert auf den Titel »Heilerin«. An ihrem Häuschen steht das Schild: *Herbalist,* mit ein paar eindeutigen, knallbunten Bildern, die glückliche Paare zeigen. Zaynabs Erfahrung nach ist das aus der Rinde des Yohimbebaums hergestellte

Yohimbe ein wirksames Aphrodisiakum. Es wirkt gefäßerweiternd. Seine Wirkung erläuterte sie mir anhand der Geschichte ihrer Kundin Flora: Flora liebte ihren Okeke nach fünf Jahren Ehe immer noch. Aber eher so, wie man einen Bruder liebt. Im Ehebett regte sich nichts mehr, Okeke beschwerte sich und Flora suchte Zaynab auf. Floras Problem bestand in ihrem mangelnden sexuellen Interesse, ausgelöst durch eine Menge Stress: Schwiegermutter, Kind und ihr Beruf als kleine Händlerin überforderten Flora komplett. Da blieb kein Platz mehr für Erotik oder romantische Gefühle für ihren Okeke.

Zaynab riet zu ihrem Liebestee – einem Langgzeittherapeutikum, wie unsere Apotheker wohl sagen würden. Vor jeder Mahlzeit brühte sich Flora Zaynabs Liebestee aus der Rinde des Yohimbebaums und den Blättern des Damianastrauchs, dem getrocknetes Zitronengras ein angenehmes Aroma gibt. Die Wirkung des vor jeder Mahlzeit getrunkenen Liebestees stellte sich nach ein paar Tagen ein: Flora wurde ruhiger, verlor ihre Ängstlichkeit und ließ sich wieder von Okeke berühren. Ihr Verlangen und ihre nur verborgene Lust wurden entfacht, ihr Orgasmus wurde intensiver und lang anhaltender. Die Erotik war wieder ein wichtiger Bestandteil ihrer Ehe geworden.

Yohimbe ist ein Mittel, vor dem unsere Apotheker mit Recht warnen. Es belastet, falsch dosiert, das Herz. Richtig angewandt kann Yohimbe dem chemischen Potenzmittel Viagra Konkurrenz machen. Und das ist, wie man inzwischen weiß, auch nicht ungefährlich.

Verheißender Kaffee

Ein von Ron und von Victors Koch empfohlenes Potenzmittel, wesentlich sanfter und lukullischer. Es duftet köstlich, regt Kreislauf, Hormonhaushalt und Stoffwechsel an.

2 TL fein gemahlener Kaffee
2 TL Zucker
1 TL gemahlener Kardamom

½ Tasse kaltes Wasser in einen kleinen zylindrischen Topf mit langem Griff geben. Kaffee und Zucker hinzufügen, gut umrühren. Bei geringer Hitze erwärmen, bis sich kleine Blasen zu bilden beginnen. Vom Herd nehmen und den Schaum in Mokkatassen abgießen. Dann zum Kochen bringen, aber nicht überkochen lassen. Vom Herd nehmen. Auf den Schaum gießen und mit dem Kardamom vermischt servieren.

Fünf-Gewürze-Tee

1 EL gemahlener Ingwer
1 EL schwarzer Pfeffer
1 EL Kardamom
1 EL Zimt
1 EL Nelken

Alles mit kochendem Wasser übergießen. Der Aufguss soll acht Minuten ziehen, mit Honig gesüßt und mit heißer Milch aufgegossen werden. Regt die sexuelle Energie an.

Rotbusch-Mango-Eistee

Dies Rezept fand seinen Weg aus Südafrika in die weiter nördlich gelegenen, vor allem städtischen Regionen. Verwendet werden

300 ml Mangosaft
4 TL Rotbuschteeblätter
2-3 TL Honig
Eiswürfel

Den Mangosaft kalt stellen. ¾ l Wasser aufkochen, den Rotbuschtee damit überbrühen und acht Minuten ziehen lassen. Tee abseihen, mit Honig verrühren und abkühlen lassen. Mit Mangosaft mischen, eventuell nachsüßen. Eiswürfel auf Gläser verteilen und mit Eistee auffüllen. Sofort servieren.

Alkoholisches

Originaler afrikanischer Honigwein wird aus Palmwein gemacht. Als Ersatz eignet sich auch eine Flasche lieblicher Weißwein. Fügen Sie 1 EL flüssigen Honig hinzu und erwärmen Sie beides zusammen auf kleiner Flamme. Mit einer Prise Koriander und Muskatnuss abschmecken. Angeblich soll ein Becher am Tag zur Stärkung der Liebeskraft gut sein.

Afrikanischer Liebeslikör

Dessen Basis ist eigentlich Palmwein, ersatzweise eine Flasche Rot- oder Weißwein.

2 Tropfen Rosmarinextrakt
2 Tropfen Salbeiextrakt
4 Tropfen Zimtextrakt
4 Tropfen Orangenextrakt
2 TL Zucker
1 kleines Glas Rum

Die Mischung vorsichtig verrühren, drei Wochen lang stehen lassen, bis der Likör genossen werden kann – das Warten lohnt sich.

Maisbier

Maisbier wird in Haushalten in Lagos schon aus Kostengründen oft selbst gemacht: 5 Tassen frische Maiskörner werden in kaltem Wasser drei Tage lang eingeweicht, die Flüssigkeit wird abgegossen und der Mais auf einem Baumwolltuch ausgebreitet. Drei Tage gären lassen. Waschen und pürieren. Durch ein Sieb streichen, die Flüssigkeit auffangen und in einem großem Topf zum Kochen bringen. Zwei Stunden lang unter ständigem Rühren bei mittlerer Hitze kochen. Die braune Flüssigkeit, die nach oben tritt – das Maisbier – abschöpfen.

Ein Prost auf Mila

Meine in allen Liebesdingen gut beschlagene »Beraterin« mühte sich vergeblich – als lebenslange Abstinenzlerin probierte ich diesen angeblich Wunder bewirkenden Drink nicht aus. Das Rezept gab sie mir dennoch:

1 Flasche Wodka
5 Tropfen Zitronensaft
1 Tropfen Muskatellersalbeiextrakt
1 Tropfen Zimtextrakt
1 Tropfen Muskatblütenextrakt
2 Tropfen Vanilleextrakt
1 Tropfen Korianderextrakt

Neun Tage ziehen lassen. Dann durch Hinzufügen von ¼ l Wasser und 500 g Zucker einen Sirup bereiten, gut vermischen und weitere neun Tage stehen lassen. Zum Schluss noch ein Glas Branntwein zugeben. Jeden Tag davon vor dem Zubettgehen ein Schnapsglas voll trinken – das bewirkt erotische Träume und steigert langsam die Liebesbereitschaft.

Sinnenfrohe Liebessäftekur

Hier noch etwas Sinnenfrohes, das obendrein dazu verhilft, den Lieblingsrock wieder anziehen zu können. Jeder Saft kann ein Abendessen ersetzen.

2 Orangen
1 Zitrone
1 Banane
2 frische Feigen
1 Prise frischer Pfeffer
1 l Wasser
oder:
1 Zitrone
1 Banane
2 Kiwis
2 Datteln

1 Feige
¾ l Wasser
oder:
1 Banane
1 Zitrone
3 Judenkirschen
2 Datteln
1 cm Ingwerwurzel
1 l Wasser

Den Saft der Zutaten mit dem Wasser und Eiswürfeln vermischen. Kühl, langsam und mit Genuss getrunken stellen diese Säfte das Hormongleichgewicht wieder her.

Was sie tun, bevor sie's tun ...

Afrikas Natur enthält viele geheimnisvolle Sex-Stimulanzien. Manche davon können bei exzessivem Gebrauch süchtig machen. Eine gewissenhafte Heilerin wird ihre Kundin immer über gesundheitliche Risiken aufklären. Andere werden so sorglos konsumiert wie bei uns ein Kaugummi.

Zum Beispiel die Kolanuss, die den Rang spiritueller Lebensmittel hat, da ihre Hälften auch zum Werfen von Orakeln benutzt und Göttern wie Shango geopfert werden. Sie wird frisch gekaut, der Saft dabei ausgespuckt. Die Kolanuss ist ein starkes Stimulans auch für Sexrituale. Sie wird ebenso benutzt für eine Kaffeezubereitung: Dazu 1 TL Kolanusspulver in 1 Tasse Kaffee auflösen und mit Honig süßen. Diese Mischung ist sehr sämig. Die Kolanuss färbt die Zähne sehr stark, kann abhängig und nervös machen und den Schlaf stören.

Die Betelnuss ist ein anderes in Afrika gebräuchliches Aphrodisiakum. Zerkleinert und mit diversen Zusätzen versehen wird die Nuss stundenlang im Mund eingespeichelt und versetzt bei Ritualen in euphorische Stimmung. Die Betelnuss taucht aber auch als Bestandteil von Süßwaren auf, die in Geschäften als harmlose Süßigkeiten für Kinder feilgeboten werden. Exzessiver Gebrauch kann jedoch schwindlig machen und Durchfall verursachen. Bei längerem Gebrauch werden die Zähne und Schleimhäute des Mundes angegriffen.

Damiana ist ein mildes Aphrodisiakum und kann auch in einer Wasserpfeife geraucht werden. Die Wirkung hält ungefähr anderthalb Stunden an. Eine Yuba Gold genannte und sehr populäre Rauchmischung verwendet je vier Teile Damianablätter, Scutellaria Lateriflora und Passionsblume sowie einen halben Teil Lobelia inflata und einen Teil Pfefferminze. Gerade dieses Rauchzeug wird oft verwendet, denn es ruft nicht nur Glücksgefühle hervor, sondern weitet den Geist für mit dem Hörsinn verbundene Rituale.

Die Trommel ist die Sprache der Seele.

Weisheit aus Nigeria

Hören, um zu fühlen

Afrika besitzt viele Möglichkeiten, den Hörsinn einzubinden, um einen anderen Menschen zu be- oder verzaubern. Aber Trommel und Rassel, die einem sofort einfallen, sind im afrikanischen Verständnis weniger Musikinstrumente als vielmehr Ausdrucksmittel von Seele und Körper. Zur musischen Unterhaltung oder um romantische Gefühle zu erzeugen, dient das Wort.

Die Magie des Worts

Wenn John und ich uns in einer tiefen Beziehungskrise befanden, griff er zu seinem liebsten Mittel: Er erzählte mir stundenlang seine Träume. Er schilderte sie so intensiv, dass ich regelrecht entführt wurde in seine Fantasiewelt. Ich vergaß alle Sorgen, die uns an diesen Krisenpunkt geführt hatten. Die Magie der Worte – Afrikaner glauben daran. Gut erdachte Geschichten voller geheimer Symbolik sind kurzweilig und oft sehr amüsant. Sie stammen aus jenen noch nicht weit zurückliegenden Zeiten, als Bücher und Fernsehen vielerorts unbekannt waren. Meine Zeit im Einweihungslager verschaffte mir einen nachhaltigen Eindruck, wie sinnlich Zuhören sein kann.

Die jungen Mädchen erzählten besonders gern die immer neu ausgeschmückte Anekdote einer Frau, die keine Scheide besaß. Sie traf auf eine Kröte und schwatzte der die ihre ab. Der schon lange auf diese Stunde hoffende Geliebte konnte sich nun mit der Frau vereinen, als beide plötzlich das jämmerliche Gequake der Kröte vernahmen, die ihr Geschlechtsteil zurückforderte. Die Frau stellte sich unwissend, warf die Kröte schließlich in den Brunnen. Die aber kletterte immer wieder heraus. Und sitzt noch heute an der Stelle auf dem Brunnenrand, wenn die jungen Mädchen zum Wasserholen kommen. An dieser Stelle sponnen die Mädchen die Geschichte immer weiter.

Dass auch junge deutsche Frauen für die Magie des Erzählens durchaus zu gewinnen sind, erfuhr ich bei einem Besuch in Bayern: Rosi lebte in Oberbayern, hin und wieder kauften meine Eltern auf dem Hof ihrer Eltern frische Milch und Eier. Als ich Jahre später wieder dorthin kam, traf ich nur noch ihren Bruder und ihre Mutter an. Der Bruder hatte als Ältester den Hof geerbt. Rosi lebte inzwischen dort, woher ich gekommen war – in Nigeria. Rosis Mutter erzählte, was passiert war. Jahre zuvor waren im Dorf Asylbewerber einquartiert worden. Die schwarzen Männer, denen das Arbeiten verboten war, saßen traurig herum. Einer sprach Rosi an. Rosi ließ sich auf ein kurzes Gespräch ein, dann traf sie den jungen Mann immer wieder. Die Nachbarn – und wohl auch Rosis Familie – missbilligten ihren Bekannten. Es war Rosi egal. Stundenlang, sagte mir die Mutter, saßen die beiden zusammen. Und man sah immer nur den Afrikaner reden. Irgendwann versteckte sich Rosis Bruder hinter dem Lieblingsplatz des ungleichen Paares. Mit hochroten Ohren erzählte er der Mutter: Der Nigerianer habe Rosi immer nur Liebesgeschichten erzählt. Und zwar solche mit handfester Erotik. Als der Asylbewerber abgeschoben wurde, ging Rosi mit ihm. Mutter und Bruder, Dorf und Familie blieben kopfschüttelnd zurück: Rosi hatte einen Geschichtenerzähler geheiratet.

In Nigeria wird Rosis Mann der Stoff sicher nicht ausgegangen sein. Das Reservoir an Geschichten scheint schier unerschöpflich, und im richtigen Moment erzählt, verführen die Worte, denn viele der Geschichten sind nicht nur erotisch, sondern auch sehr lustig: Ein Mädchen weist einen Verehrer zurück. Beleidigt tränkt der

Mann eine Frucht mit einer Zaubermedizin. Das Mädchen isst von der Frucht, woraufhin ihre Vagina auf den Boden fällt. Sie bückt sich danach, aber das wertvolle Organ springt einfach davon. In Panik hetzt das Mädchen ihrer Vagina hinterher, folgt ihr durch Büsche und trifft schließlich einen Hirten, der ihr bei der verzweifelten Verfolgung hilft. Nun trifft das gleiche Unglück den Hirten: Der Gute verliert doch glatt seinen Penis, Penis und Vagina machen sich auf und davon. Immer mehr Leute wollen den Unglücklichen zu Hilfe eilen, doch sie erleiden das gleiche Schicksal. Die Gegend wimmelt nur so von fliehenden Penissen und Vaginas. Der Urheber der Missetat lacht sich inzwischen krank über das allgemeine Unglück. Erst gegen die Zahlung von Lösegeld (Rinder, Ziegen, je nach Erzählung) bekommen sie ihre Geschlechtsteile zurück. Das Mädchen, um das es eigentlich ging, auch. Denn sie brauchte es natürlich – für den zuvor verschmähten Verehrer, zu dem sie nach überstandener Vaginajagd zurückkehrt. Die Abenteuer, die die »Jagdgesellschaft« erlebt, können und werden vom jungen Mann, der sie seiner Angebeteten erzählt, episch ausgestaltet. Bis »sie« endlich merkt: Ein Mann, mit dem man so herzhaft lachen kann, muss der richtige sein.

Geschichten, in denen es um das männliche Sexualorgan geht, sind oft von drastischer Eindeutigkeit: Weil seine Frau ihn immerfort betrog, zog ein Mann mit ihr in ein entferntes Dorf. Aus Erfahrung klug, eilte der Mann zum *chief* und erzählte ihm, dass seine Frau allen Männern, die sie begehrten, den Penis abbeißt. Als die Frau sich in einen hübschen Mann verguckt, nimmt der aus Angst um sein wertvolles Körperteil Reißaus.

Eine Frau, die solch platte Symbolsprache nicht versteht, bekommt andere Storys serviert: Der Mund ist verstorben. Aber kein Körperteil will seine aufwändige Bestattung vornehmen. Denn jeder hatte auf seine Weise unter dem Mund zu leiden. Die Füße, weil sie weite Wege zurücklegen mussten, da der Mund wieder einmal Unsinn geredet hatte und sein Besitzer in ein anderes Dorf umziehen musste; die Hände wegen der schweren Arbeit, die der schwatzhafte Mund Verwandten zu tun versprochen hatte; die Schultern wegen der Lasten, die der Mund zu tragen zugesagt hatte. Nur für den Penis war der Mund ein guter Kumpel. »Er ließ mich niemals darben, ihm verdanke ich viele aufregende Abenteuer«, sagt der Penis über den redegewandten Mund. Und macht sich an die Arbeit.

Ein verliebter nigerianischer Erzähler greift auch zu Begleitinstrumenten. Da sie teuer sind, werden sie oft selbst angefertigt. Eine leere Blechdose zum Beispiel kann ein passables Fingerklavier abgeben: Über ein Loch in der Mitte werden kurze Streifen gelötet. Der mit diesem Instrument erzeugte Klang wirkt melancholisch. Wenn der Spieler die Töne mit seiner wohlklingenden Stimme begleitet, indem er eines der beliebten Liebeslieder singt, kann daraus eine eindrucksvolle Vorstellung werden.

Die traditionsreichen afrikanischen Instrumente Rassel und Trommel aber werden nicht zur Verführung verwendet.

Rasseln – Ausdruck weiblicher Energie

In Afrika hat die Rassel Bedeutung als Instrument zur Anrufung der Götter. Sie besteht zumeist aus einem ausgehöhlten Kürbis, in dem die getrockneten Kerne einen leichten Klang erzeugen. Aufwändigere Rasseln werden mit Schnüren voller kleiner Glasperlen bespannt, die gegen die harte Schale schlagen. Ihr Klang gilt als die Seele reinigend und wird bei spirituellen Ritualen benutzt. Im Einweihungslager der Priesterinnen wurde die Rassel geschlagen, bevor die Priesterin der Mammy Water das Kauri-Orakel warf. Wenn ich mich lange genug und intensiv auf das Geräusch der Rassel konzentrierte, versetzte mich der Klang in meditative Stimmung. Rasseln regt die Lebenskraft an, verströmt Liebe und Harmonie, verbindet die Naturkräfte mit dem Menschen. Man darf die Rassel dazu nicht zu fest halten oder zu heftig schütteln. Vielmehr hält man sie nur leicht zwischen Daumen und Zeigefinger am Griff.

Ehe man zu rasseln beginnt, sollte man sich auf seine Absicht konzentrieren und mehrmals laut aussprechen. Dann gibt man aus dem Handgelenk heraus einen Anfangsimpuls. Das eigene Energiefeld reagiert und formt Bewegungsmuster, die nicht willentlich gelenkt werden sollten. Gute »Rasslerinnen« können den herbeigerufenen Geistern Nachrichten und Befehle übermitteln. Die Rassel ist hauptsächlich den Frauen vorbehalten und Ausdruck ihrer weiblichen Energie. Nur wenige Götter und Geister lassen sich vom Rasseln eines männlichen Priesters anrufen. Und das sind meist Götter, die den Frauen wohl wollen, wie zum Beispiel Shango, das göttliche Ebenbild des feurigen Liebhabers. (Leider ist er schon in der Mythologie sehr untreu …)

Die männliche Trommel

Die Trommel wird in Afrika nicht als rhythmusgebendes Begleitinstrument verstanden. Sie dominiert. Sie ist durch und durch männlich. Und die Männer fast aller Stämme behalten sich das Recht vor, die Trommel sprechen zu lassen – mit nur wenigen Ausnahmen wie den Geheimbund jener Frauen im Delta des Niger, den ich besuchen durfte. Mir fiel es sehr schwer, die in mir schlummernde männliche Energie zu wecken, um die Trommel so sprechen zu lassen, dass sich andere Tänzerinnen meinem Takt anpassten. Aber es war eine bessere Therapie als einige Sitzungen auf der Psychocouch. Gerade Frauen, die über mangelndes Selbstbewusstsein klagen, kann ich diesen Weg nur empfehlen (es gibt auch hier zahlreiche Trommel-Workshops).

Ich lernte das Trommeln unter sengender Sonne im Kreise mehrerer Frauen, jede mit einer großen Trommel zwischen den Knien. Es kostete mich zuerst einige Überwindung; ich hatte Angst, alles falsch zu machen, und das war schon mein erster Fehler. Aufstehen und Davonlaufen kam nicht infrage, die anderen schlugen bereits begeistert auf das Fell vor ihnen. Ich aber schwitzte und meine Handflächen schmerzten. Die Lehrerin half mir mit ermutigenden Blicken und ich schlug die Trommel – so lange, bis mir nicht mehr bewusst war, wo ich mich überhaupt befand. Irgendwann verschmolz ein Teil meines Körpers mit der glühend heißen Umgebung und dem Instrument, so dass ich nur noch das Instrument wahrnahm, das meine Gefühle in Laute verwandelte. Die Töne, die die Trommel von sich gab, waren unbeschreiblich. Sie echoten in meinem Innersten und ließen mein Herz und Blut pulsieren. Alle Knochen, Gefäße und Organe meines Körpers wurden berührt und wachgerufen.

Am Abend machte ich den Fehler, genau dieses Einswerden wiederholen zu wollen. Doch da waren so viele Tänzerinnen, deren Anwesenheit mich hemmte. Es wollte mir nicht wieder gelingen, die Trommel als einen Teil von mir zu begreifen, der sich den anderen mitteilen konnte. Es ist das Wesen einer Trommel, Menschen anzuführen und zu leiten. Allerdings ist es nicht die Trommlerin selbst, die anderen ihren eigenen Takt vermittelt.

Die Priesterin erklärte mir, dass der Geist in der Trommel durch die Musizierende spricht. Miteinander verwoben, wie afrikanische Spiritualität nun einmal ist, beginnt dieses geistige Miteinander zwischen Instrument und Mensch bereits im Entstehungsakt: Der Trommelhersteller geht in den Wald, wählt einen Baum aus und führt ein Ritual durch, um den Baumgeist um Vergebung zu bitten, dass er den Baum fällt. Danach muss er den Geist bitten im Holz zu bleiben. Ist die Trommel fertig, so gibt sie die Stimme des Geistes von sich. Der Geist im Instrument kann verstimmt sein, wenn die Trommel von der falschen Person berührt wird.

Wenn die Tänzer beim Trommeln in Trance fallen, so wird dies als der Augenblick begriffen, in dem der Geist der Trommel in den Körpern der Tanzenden selber tanzt. So heißt es in einer Legende. In einer anderen, die »meine« Priesterinnen mir nahe brachten, weckt der Geist der Trommel die Geister der Tanzenden auf. Wie auch immer – die Trommel dient auf jeden Fall einer Art Massage für Herz, Bauch, Ohren und Hände. Und im günstigsten Fall öffnet sie den Weg ins Unbewusste.

Der Trancetanz trennt Körper und Seele; das verbindende und kontrollierende Element, der Verstand, muss dazu ausgeschaltet werden. Das hört sich wunderbar simpel an, ist aber für Menschen unserer Breiten schwer zu bewerkstelligen. Ich kann mich hier nur mit dem Hinweis begnügen, dass ich mich dazu vom Geist der Trommel habe führen, verführen, entführen lassen. Afrika ist weit und manchmal erscheint es mir unvorstellbar, dass ich den Sprung heraus aus meinem Körper, hinein ins Unbewusste vollziehen konnte. Ungefährlich ist das nicht, denn wer sich in tiefster Trance befindet, verliert die Kontrolle über den eigenen Körper. Im Einweihungslager achteten die Priesterinnen auf das Wohlergehen der Trancetänzerinnen; bei einem *babalawo*, zu dem mich John zu einem früheren Zeitpunkt geführt hatte, fand ich mich hilflos und dreckig am Boden wieder. Die Trommel, dieser Mittler zwischen der sichtbaren und der spirituellen Welt, braucht unbedingt kundige FührerInnen. Da ist der Umgang mit kommerzieller afrikanischer Musik schon wesentlich einfacher.

Musik aus Afrika

Hier eine grobe Kategorisierung der nigerianischen Musikstile:

Afrobeat drückt das Aggressive, Dynamische der achtziger Jahre aus und wird oft mit eingeschobenem Sprechgesang in Pidgin-Englisch verbunden. Prominentester Vertreter ist Fela Anikulapo Kuti. Der in den neunziger Jahren verstorbene Fela Kuti ist in Nigeria eine Art Nationaldenkmal: ein sinnenfroher Mann mit einem Harem voller Frauen, gleichzeitig aber ein enthusiastischer Kämpfer für Demokratie und gegen die Militärdiktatur. Seine Platte »Yellow Fever/Na poi« (Sie erinnern sich an das Schlammbad, das John mir angedeihen ließ?) wurde erst vor kurzem neu aufgelegt. Felas Sohn Femi und Sunny Okosun sind heute ebenso bekannt wie er. King Sunny Ade ist ein anderer Afrobeat-Star.

Highlife ist eine leicht beschwingte Tanzmusik, die die Lebensfreude und Sinnlichkeit der Westafrikaner widerspiegelt. Sie beinhaltet Elemente des karibischen Calypso, britischer Militärmusik und des Reggae.

Fuji und *Juju* sind dem Afrobeat ähnlich. Ich persönlich bevorzuge die alten Originale von Peter Tosh und Bob Marley, der wie alle Jamaikaner auf seine afrikanischen Wurzeln verweist.

Wenn Sie einen seelischen Kurzurlaub mit Afrika-Feeling zu Hause machen wollen, finden Sie auch in unseren Breiten in großen Mediengeschäften CDs afrikanischer Musiker; in größeren Städten existieren Spezialgeschäfte, in denen Sie beraten werden.

Bäume können nicht zueinander kommen,
aber Menschen finden einander.
Weisheit aus Ghana

Sanfte und starke Berührungen

Die Zartheit, mit der John mich berührte, während er mich in den *wrapper* wickelte, ließ mir als junge Frau einen wohligen Schauer über den Rücken laufen. Mit einer zufällig wirkenden Bewegung überwand John eine unsichtbare Schranke zwischen uns beiden. Berührung stellt Nähe her. Auch wir wissen das und meiden sie gerade deswegen. Afrikaner schaffen impulsiv Nähe durch kleine Berührungen. Bedeutende Mitteilungen leitete Mila ein, indem sie mich an den Schultern fasste; manchmal hatte ich dadurch den Eindruck, als flösse eine Art von Energiestrom zwischen ihr und mir. Yemi hatte die Angewohnheit, meine Hände zu fassen, wenn sie eindringlich mit mir sprach. Victors Onkel Sunny unterstrich die Bedeutung der körperlichen Berührung, indem er mir bei unserer ersten Begegnung bewusst die linke Hand gab: Dazu wechselte er eigens seinen Stock, den er links hielt, in die rechte Hand. Mit der linken Hand wird meistens jemand begrüßt, den man nicht mag oder sogar verachtet – entsprechend negativ verlief in der Folgezeit unsere Bekanntschaft.

Am intensivsten jedoch erinnere ich mich an die Berührungen durch die Priesterinnen und meine Mitfrauen im Einweihungslager. Mitten in den Urwald hatten sie ein aus Lehm geformtes Dampfbad gebaut. Diese Schwitzhütte diente sowohl der Reinigung des Körpers, indem sie durch den reichlich fließenden Schweiß die

Körpergifte ausscheiden half. Aber sie half auch der seelischen Reinigung, denn darin war es so dunkel und heiß, ihr Zugang so eng, dass ich mich an eine riesige Gebärmutter erinnert fühlte. Völlig erschöpft wurde ich schließlich herausgezogen. Anschließend massierten mich mehrere Frauen gleichzeitig. Mit vollem Körpereinsatz. Ich hatte das Gefühl, dass sie aus meinem kraftlosen Körper buchstäblich einen neuen Menschen formten.

In Afrika wird Massage keineswegs nur aus medizinischen oder erotischen Gründen durchgeführt. Frauen massieren sich gegenseitig zur Entspannung, wobei Geschichten erzählt werden oder vor sich hin gesummt wird. Eine afrikanische Frau würde es zwar niemals so kopfbestimmt formulieren, aber man kann durchaus sagen, dass dadurch ein Austausch weiblicher Energie stattfindet. Die Priesterinnen lehrten mich deshalb die fünf verschiedenen Grundbewegungen des Massierens:

Streichen – Öl wird aufgetragen, die Hände sind entspannt und streichen in Richtung Herz. Sanfte Bewegungen entspannen, energische regen die Durchblutung an.

Kneten – wie einen Teig. Mit der ganzen Hand wird die Muskulatur angehoben und gedrückt, um sie zu lockern.

Wringen – die bereits entspannte Muskulatur heben und dehnen, wie beim Auswringen eines Tuches, aber sanfter.

Rollen – mit beiden Händen entspannte Muskelpartien unter leichtem Druck in verschiedene Richtungen bewegen

Klatschen – mit der flachen oder hohlen Hand, den Handkanten, Handrücken, gar den Fäusten sanft schlagen.

Massagepaste selbst hergestellt

Ein Hirseteig wird in einer mit Löchern versehenen Kalebasse ein paar Tage über einer Räuchergrube mit Sandel- und Akazienholz geräuchert, bis er bräunlich wird und angenehm duftet. Der duftende Hirseteig wird mit Basisölen (zum Beispiel Schibutter oder Lammfett) zur Paste verrührt und zusätzlich mit einem Parfümöl (etwa Zimt oder Nelke) aromatisiert. Die Ganzkörper-

Massage mit der Paste reinigt den Leib gleichzeitig von Sand und Staub.

Stimulierende Pasten

Von Zaynab, der Kräuterheilerin aus Lagos, bekam ich ein anderes Rezept, das ähnlich angenehm duftete, aber durch den Zusatz von etwas Pfeffer schärfer war und stimulierender wirkte. Besonders im Hüft-, Bauch- und Gesäßbereich wirkt diese Paste als Vorbereitung für eine »heiße Nacht«:

1 EL gemahlene Orangenschale
1 EL gemahlene Zitronenschale
2 EL gemahlene Mandeln
1 Prise Salz
4 EL Weizenkeimmehl
1 EL gemahlener Thymian
1 Prise gemahlener Piment
einige Tropfen Moschusöl
Mandelöl

Alle Zutaten miteinander vermischen und so viel Mandelöl zugeben, bis eine streichfähige Paste entsteht. Sie reinigt und stimuliert die Haut, macht sie weich und glänzend und hinterlässt einen betörenden Moschusduft.

Zaynab verfügte aber auch über ein schlichteres Rezept, mit dem man sich selbst verwöhnen kann: Dazu wird Schibutter (ersatzweise Rahm) mit Weizen- und Hafermehl vermischt. Diese Paste entfernt gleichzeitig tote Hautzellen. Die Haut wird durch rubbelnde Massagebewegungen seidig und glatt.

Eine weitere Massageart von Zaynab beinhaltet gleichzeitig eine Methode der Körperreinigung, denn Wasser ist ein rares Gut: Zwei Hände voll Linsen werden über Nacht in etwas Ziegenmilch eingeweicht und am nächsten Morgen zerstampft, anschließend wird der gesamte Körper damit wie mit einer Seife eingerieben. Wassergüsse aus der Kalebasse spülen die Linsenpaste wieder ab. Manche Frauen lassen die Paste auf der Haut trocknen und lösen Schmutz und lose

Hautpartikel durch anschließendes Abrubbeln ab. Diese Behandlung soll jede Haut gleichzeitig babysanft und haarlos machen.

Wie's geht, wenn's losgeht

Da der Potenz des polygam lebenden Mannes in Afrika große Bedeutung zukommt, werden die jungen Mädchen während ihrer Einweihungszeit mit einigen Kniffen vertraut gemacht. Es oblag der Priesterin des dafür zuständigen Elements Feuer, die kichernden Mädchen darüber aufzuklären. Mit ernstem Gesicht trug sie vor, was das Feuer eines Mannes weckt. Sie tat es in einem Tonfall, als empfehle sie die beste Stelle zum Holzholen im Wald:

Mit Linsenteig wird zuerst der nackte Körper des Geliebten massiert, mit lauwarmem Wasser abgespült, anschließend sorgfältig eingeölt. Zum krönenden Abschluss wird mit etwas Pfeffer versetztes stimulierendes Massageöl sanft und rhythmisch mit kreisenden Bewegungen im Uhrzeigersinn auf den Unterbauch des Mannes gegeben, knapp über den Schamhaaren. Durch diese Massage erfährt neues Leben, was in tiefem Schlummer ruhte. Dann wird der Schaft des Penis und das besonders empfindliche Frenulum mit Öl eingerieben. Die Empfindungen an der Spitze, der Wurzel oder entlang der Vene an der Unterseite sind sehr unterschiedlich und erfordern entsprechendes Fingerspitzengefühl. Sobald die ersten Anzeichen eines Orgasmus auftreten, Hände weg, tief atmen und unverfänglichere Körperregionen wie Brust oder Beine massieren. Denn Männer haben, bemerkte die Feuer-Priesterin kühl, mehr als nur eine erogene Zone.

Die Brennnessel gilt in unseren Breiten als Unkraut. Bei den Priesterinnen habe ich sie sowohl als Stimulans wie als Betäubungsmittel kennen gelernt. Entscheidend für die jeweilige Wirkung ist die Dauer der Anwendung: In beiden Fällen wird die Pflanze gegen bestimmte Körperteile geschlagen. Bei kürzerer Anwendung frischer afrikanischer Brennnesseln wird die Durchblutung gefördert, bei längerer tritt ein desensibilisierender Betäubungseffekt ein. Dieses

Ritual kann auch helfen den Liebesakt zu verlängern. Nicht besonders zart fühlend erscheint mir die Methode, einen harten Sisalschwamm zu verwenden, um eine bessere Durchblutung erogener Zonen zu erreichen. Aber Zaynab schwor, dass ihre Kundinnen mit diesem simplen Trick zu ausgezeichneten Ergebnissen kämen.

Ihr Weißen denkt zu viel und fühlt nicht.
Erkenntnis meiner »Beraterin« Mila

Afrikanische Liebesmagie

Mila hat gut reden, wenn sie die Kopflastigkeit weißer Frauen bemängelt. Sie wuchs auf mit der Magie und lebt sie jeden Tag. Frauen kommen zu ihr, suchen ihren Rat und beschweren sich auch manchmal, wenn ein angeblich wirkungsvoller Liebeszauber nicht das gewünschte Ergebnis bringt. Mila ruft in diesem Fall zuerst eine Göttin oder einen der vielen Geister in ihrem Ritual- und Altarraum an, die ihr die Kraft der Magie verleihen. Einer unzufriedenen Kundin erklärt sie anschließend meist: »Jemand hat einen machtvollen Gegenzauber eingesetzt, Sister. Da müssen wir noch wirkungsvollere Magie verwenden.« Dazu gibt sie ihren unschönen Schnalzlaut von sich, wie sie es immer tut, wenn ihr etwas nicht gefällt. Dann befragt Mila eines ihrer Orakel, indem sie zwölf Kauris oder Knochen auf den Boden wirft. Sie studiert lange die Position der Gegenstände zueinander, um anschließend ihre Lösungsvorschläge für das betreffende Problem kundzutun. Die Kundinnen glauben natürlich an die oftmals skurrilen Vorschläge Milas. Der Glaube an die Magie ist ausschlaggebend und eine wesentliche Voraussetzung für deren gutes Gelingen.

Man kann nie wissen ... In einem Zimmer könnten ja böse Geister stecken, die es auf jeden Fall zu vertreiben gilt: Eine eifersüchtige Nebenbuhlerin oder ein abgewiesener Verehrer missgönnen einem unter Umständen das Liebesglück. Bevor der Lover also zu seiner ersten Nacht erscheint, muss der Raum magisch gereinigt werden. Mila rät dazu, bei Neumond und Vollmond einen Teelöffel Salz (wegen der positiven Energie der Meeresgöttin Jemonja) in jede Ecke des Schlafzimmers zu streuen und mit ein paar Tropfen Whisky (hier verlangt Feuergott Shango sein Recht) auf dem Besen die Wände von oben nach unten abzustreifen. Die Fenster sollten mit klarem Wasser gereinigt werden, dem einige Tropfen des Morgenurins beigesetzt worden sind (Oshun will auch bedacht sein, abgesehen davon wirkt Urin reinigend). Da manche der schlichteren Lehmhütten gar keine Fensterscheiben haben, kann damit auch die Türeinfassung behandelt werden.

Dann sollte der Boden gut gefegt werden – insbesondere die Ecken mit dem Salz, in denen die negative Energie gefangen ist. Gleichzeitig wird die Göttin Oshun angerufen, die die Liebe segnen soll, die in diesem Zimmer stattfinden wird. Die Schlafmatte wird umgedreht und etwas Liebespulver darunter gestreut, das Mila in ihrer Hexenküche aus Abelmoschus und Sandelholz anfertigt. Ein paar frische Blüten werden in einer Wasserschale neben dem Nachtlager aufgestellt, daneben ein Schibutterlämpchen angezündet und ein Jujusäckchen gelegt. Jujusäckchen sollten auch an die Fensteröffnung oder über das Schlüsselloch gehängt werden, damit böse Verwünschungen sich nicht wieder einschleichen können. Nun heißt es nur noch zu warten, denn Zimmer und Bett sind gerichtet. Erscheint der Geliebte nicht gleich – bitte sehr: Mila hat weitere Ratschläge für ihre Kundinnen.

Sie nimmt für ihre Rituale ausgesprochen gerne *jujus*, die sie nach speziellen Rezepten hergestellt hat. *Jujus* sind kleine Säckche voller Zaubermittel. Sie werden angefertigt, um alle möglichen Wünsche in Erfüllung gehen zu lassen und böse Geister fern zu halten. Mila gab mir den Rat, zwei *jujus* aus roter Seide zu nähen und diese mit Blütenblättern, Sandelholzpulver, einer Prise Orchideenwurzel und getrocknetem Ingwerpulver zu füllen. Auf die *jujus* sollte jeweils ein Tropfen Kerzenwachs in den Farben Weiß, Rot und Violett geträufelt werden.

Kerzen sind wie Jujusäckchen sehr gebräuchliche Ritualgegenstände. Sie sollten mindestens einmal pro Woche auf dem Altar der eigenen Göttin entzündet werden. Falls man eine neue Kerze braucht, sollte diese am Stumpf der alten entzündet werden. *Jujus* sollten entweder am Altar oder neben dem Schlafplatz aufbewahrt, einmal pro Jahr neu angefertigt und, um wirksam zu bleiben, auch wöchentlich einmal angespuckt werden. Falls der Partner ebenfalls ein Eingeweihter der Jujumagie ist, kann als Liebesbeweis auch für ihn ein Jujusäckchen angefertigt werden, das neben seiner Schlafstätte liegt und seine Wünsche enthält. Gegenseitige Wünsche können zur Jahreswende zum Ausdruck gebracht werden, indem an das *juju* vom Partner mit einer Nadel ein Wunschzettel geheftet wird, der detailliert – in roter Tinte – beschreibt, was man sich vom anderen im kommenden Jahr erhofft.

Ein in Lagos sehr beliebtes Liebes-Juju zeigte mir Johns Schwägerin: Zwei Nadeln liegen für einen Monat Seite an Seite, den zweiten Monat liegt eine Spitze am Loch der anderen Nadel. Anschließend sticht man eine Nadel in den linken Ringfinger, so dass ein Tropfen Blut austritt, der auf einer winzigen Spiegelscherbe ausgestrichen wird. Beide Nadeln werden in ein Bananenblatt eingewickelt und mit rotem Garn fixiert. Dann wird alles eng in ein Lederstück gefaltet und zusammen mit der Spiegelscherbe eingenäht. Derjenige, der dieses *juju* bei sich trägt, wird sich der ewigen Liebe und Treue des Partners sicher sein können, so meine damalige Schwägerin.

Wenn die Liebe erobert werden soll …

… dann muss es am Freitag losgehen. Denn der letzte Arbeitstag der Woche ist jener der Liebesgöttin Oshun. Milas Kundinnen holen sich am Freitagmorgen einen Granatapfel oder pflücken ihn vor Sonnenaufgang. Sie reiben ihn mit ein paar Tropfen Urin und Blut, in etwas Wasser vermischt, ein. Aus den Fußspuren des Geliebten (ersatzweise: den Sohlen seiner Schuhe) wird etwas Erde gekratzt und auf den Apfel gestreut. Mit Zweigen von grüner Myrrhe wird der Apfel gespickt und in der heißen Sonne getrocknet, so dass er hart und fest wird. Danach schiebt man ihn in die Tasche des weiten Umhangs desjenigen, dessen Liebe erobert werden soll, so dass er ihn berühren muss. Ein Mann, der um diese Symbolik weiß, wird – so verspricht Mila – fühlen, von welcher Frau diese Botschaft stammt, und zu ihr eilen.

Eine andere Methode steht in enger Verbindung mit Shango, eignet sich also nicht so sehr für Frauen, die vor allem dem Element Wasser zugetan sind. Mila bietet dazu ein rotes Jujusäckchen an, in das durch die Mitte – und zwar an Shangos Tag, dem Donnerstag – eine Stecknadel mit rotem Kopf gestochen wird. Anschließend wird das *juju* geweiht, indem es mit der linken Hand festgehalten und mit der rechten Hand ein Liebesöl (zum Beispiel Jasmin) aufgeträufelt wird. Sieben Tage lang muss das *juju* täglich neu gesegnet werden, indem es besprochen und anschließend bespuckt wird. Shangos Altar muss täglich gründlich mit Wasser gereinigt und das Jujsäckchen darauf platziert werden. Falls Sie ein Foto des Adressaten haben, sollte dieses zuerst geküsst und dann unter das Jujusäckchen auf den Altar gelegt werden.

Wenn die Liebe halten soll …

… empfiehlt die weiße Hexe ein Ritual, das am Samstag ausgeführt werden sollte – am Tag des Orisha Eshu, der für die Fertigung von Talismanen und Amuletten zuständig ist. Ein goldener Ring muss sieben Tage und Nächte an einer goldenen Kette am Busen getragen werden. Mit einer spitzen Nadel wird am siebten Tag im Ring der Name Oshuns eingraviert. Zur gleichen Zeit müssen mit den Worten »Liebe mich für immer und ewig, wie ich dich. Gehe nie fremd und sei mir immer treu!« drei eigene Haare mit drei des Geliebten zusammengebunden werden. Die sechs Haare werden in ein kleines Stückchen roter Seide gewickelt, das dann am Ring befestigt wird. Der Ring muss nochmals sieben Tage am Busen getragen werden. In der Nacht von Freitag auf Samstag wird er dann dem Geliebten über den Finger gestreift. Dieses Liebesritual muss vor Sonnenaufgang und nüchtern vollzogen werden. Der Geliebte sollte, während ihm der Ring übergestreift wird, schlafen.

Wenn er untreu ist …

… greift Mila zu härteren Mitteln. Und zwar am Mittwoch, dem Tag der kreativen Orisha Oja, die ihre Gunst auch den Hexen leiht. Nachdem Oja ein paar Opfer in Form von roten Weintrauben oder Kokosnüssen – bei schweren Fällen von Untreue ein paar Spritzer Hühnerblut – dargebracht worden sind, werden in einen Flaschenkürbis Senfkörner, schwarzer und roter Pfeffer, Essig, Chili, Ingwer und Jasminöl sowie eigener Urin gefüllt. Etwas Angst Verbreitendes muss hinzugefügt werden, zum Beispiel der Zahn eines Krokodils. Zwei schwarze Kerzen werden geschmolzen und aus dem Wachs zwei Püppchen geformt, die ebenfalls in den Flaschenkürbis gelegt werden. Er wird mit Wachs verschlossen und geschüttelt, sobald man überzeugt ist, dass der Liebste mit der anderen Frau zusammen ist. Kaum eine Magie ohne passenden Spruch: »Sei unglücklich in den Armen dieser Frau und komme zurück zu mir, die dich glücklich machen wird.« Mila behauptet, dass es nur an diesem Ritual liegen kann, wenn der Liebste aus den Armen der neuen Geliebten zurückkehrt.

Man kann einen Liebhaber laut Mila loswerden, indem …

… eine noch feste Tomate mit einer benutzten Rasierklinge durchschnitten und Haare des unerwünschten Liebhabers dazwischen gelegt werden. Durch die gesamte Tomate wird ein rostiger Nagel gestochen, während folgender Satz ausgerufen wird: »Verschwinde aus meinem Leben, sonst wird es dir wie dieser Tomate ergehen: Du wirst in der Erde verrotten.« Im Anschluss daran werden reichlich schwarzer Pfeffer und Salz auf die Tomate gestreut, diese wird mit schwarzem Faden umwickelt und in einem Loch im Erdreich vergraben. Tomaten sind ein sehr dankbares Gemüse – es kann also gut sein, dass an dieser Stelle im nächsten Jahr ein Tomatenstrauch gedeiht ... Wer mit dieser Methode nur seinen Garten bereichert, dem gibt Mila wesentlich schärfere Tipps, die schon fast unter schwarze Magie fallen. Sie kennt zwar viele schwarzmagische Rituale, schwört aber, nie selber schwarze Magie gegen jemanden zu verwenden.

Eine Geliebte verhexen ...

Der Name des Liebsten und jener der Nebenbuhlerin wird dreizehnmal ausgerufen, während man getrocknetes Taubenblut in Wasser auflöst. Die Taube ist der Feind einer Hexe. Im Umkehrschluss dient Taubenblut dem Zweck einer Hexe. In das Taubenblutwasser wird dreizehnmal gespuckt und gemurmelt: »Diese Liebe ist zerstört, geht auseinander und findet nie mehr zusammen, denn die Liebe von ... gehört jetzt mir.« Das Wasser wird in ein kleines Fläschchen gefüllt, das mit schwarzem Wachs versiegelt und in der Nacht in einem kleinen Loch im Erdreich versenkt wird. Dreizehn Tage wird auf diese Stelle uriniert. In der vierzehnten Nacht wird das Fläschchen um Mitternacht ausgegraben und das Taubenblutwasser in ein fließendes Gewässer geschüttet, während in alle vier Himmelsrichtungen gespuckt und der Name der verhassten Geliebten ausgerufen wird. Hassgefühle sollten dabei nachhaltig geäußert werden, um den Fluch wirksamer zu machen ... Mila ist sicher, dass sich der untreue Partner nach diesem Ritual nie mehr mit seiner Liebsten treffen wird, da die schwarze Magie das Feuer zwischen den beiden löscht.

Romantik entzünden

Milas Spezialität ist die Erweckung der Liebe und deshalb kennt sie wesentlich mehr Rezepte, die romantische Gefühle wecken. Falls eine Beziehung langweilig wird, stellt sie einen Duftpuder aus den bestriechenden Küchenkräutern her, der unter die Schlafmatte gestreut wird – zum Beispiel afrikanisches Basilikum, Kardamom, Gewürznelken, Koriander, Kreuzkümmel, Ingwer, Majoran, Rosmarin, Thymian. Der Puder muss gleichmäßig verteilt werden, damit er nicht sofort bemerkt wird – der Liebste soll es nur riechen. Neben dem Liebeslager sollte immer eine Schale mit etwas Wasser stehen, das auch Spucke und ein paar Haare von jedem Partner enthält. In dem Wasserschälchen sollten die Fingerspitzen nach einem Liebesakt gesäubert werden, damit sich das Wasser zusätzlich durch sexuelle Energien aufladen kann. Es darf niemals weggeschüttet werden, sondern nur verdampfen, um den Raum mit erotischen Gedanken und Energien aufzuladen.

Die süße Frucht erntet nur der Geduldige.
Volksweisheit aus Nigeria

Basteln am eigenen Glück

Einer der wichtigsten Grundsätze der Ifa-Religion lautet: »Du bist Teil des Universums. Füge ihm niemals Schaden zu.« Würden sich alle daran halten, gäbe es keine schwarze Magie, keinen Fluch, keinen Schadenszauber. Aber schon die alten Geschichtenerzähler Afrikas berichteten vom Missbrauch der Magie, um über andere Menschen Macht auszuüben. Sowohl im Einweihungsritus der weisen Priesterinnen wurden die Initiandinnen darauf hingewiesen, dass die Fetische und *jujus* oder die kleinen Liebespuppen, die dort gebastelt wurden, nicht für bösen Zauber verwendet werden dürfen. Auch »Beraterin« Mila befolgte diese Regeln peinlich genau. Verstieß sie dennoch dagegen, so nur gewissermaßen aus Notwehr, um jemanden zu beschützen. Denn Fetische und *jujus*, Amulette und Talismane haben eine durch und durch positive Aufgabe: Sie sollen beschützen und Stärke verleihen.

Während meiner Einweihung in die geheimen Bräuche des Frauenkults wurde mir schrittweise beigebracht, wie das geht – einen Fetisch herzustellen, also ein magisches Objekt, dessen Bestandteile vorwiegend aus natürlichen Materialien zusammengetragen werden. Diese Bindung an die Natur ist unerlässlich, da ihre Kräfte auf das magische Objekt übertragen werden. Jedes weitere, von Menschen gemachte Stück (Stahlnägel, Glasperlen, Kämme et cetera) darf erst verwendet werden, nachdem es für den entsprechenden Zweck geweiht wurde. Alle spirituell aufgeladenen Objekte sind dem Wesen nach sakrale Instrumente und kein Spielzeug. Deshalb ist eine tiefe innere Beziehung dazu notwendig: Ein magisches Objekt ist dann am wirksamsten, wenn es selbst gemacht und nicht auf den okkulten Märkten gekauft wird. Damit diese innere Bindung wirklich intakt ist, darf die Herstellerin während des rituellen Schöpfungsaktes nicht krank oder depressiv sein. Ihre negative Ausstrahlung überträgt sich sonst auf den magischen Gegenstand: Im günstigsten Fall wird er hässlich und wirkungslos, im schlimmsten Fall allerdings wendet sich der Fetisch gegen seine Erschafferin.

Die Schaffung eines magischen Wesens durchläuft verschiedene rituelle Stadien und darf nur aus einem genau definierten Zweck heraus erfolgen. Die Herstellungsstufen bestehen aus:

Intuition – Zum Klang von Rasseln, die die Gedanken reinigen, spürt man tief in sich hinein, konzentriert sich auf den Gegenstand, den man erschaffen will. Fällt einem bei dieser Gelegenheit nichts ein, ist der Versuch abzubrechen und zu einem anderen Zeitpunkt zu wiederholen. Funktioniert dieses In-sich-Hineinhören, sieht man den zu formenden Gegenstand plastisch vor sich. In diesem Fall, sagten die Lehrerinnen, wurde durch die Rassel die Verbindung zu den Ahnen geschaffen, die das Vorhaben unterstützen und ihrer Nachfahrin den richtigen Weg zeigen, um Stärke oder Schutz durch das magische Objekt zu erlangen. Es kann auch vorkommen, dass ein magischer Gegenstand im Traum erscheint. Beide Wege sind intuitiv, das heißt nicht von der Ratio bestimmt. Und auf beiden Wegen wird der Suchenden gezeigt, welches Material zum Bau nötig ist.

Beschaffung – Nach Möglichkeit sollte mit dem Zusammensuchen der auf diesem Weg aufgezeigten Materialien sofort begonnen werden. Für jedes Teil, das der Natur entnommen wird, muss – wie bereits dargestellt – etwas zurückgegeben werden. Nach der reinen Lehre der Priesterinnen kann in der Vision oder im Traum ein Opfertier auftauchen, aus dessen Haut, Fell, Zähnen, Klauen et cetera der magische Gegenstand gefertigt werden soll. Ist dies der Fall, so wollen die Ahnen die Suchende mit den Kräften des entsprechenden Tieres stärken. Das kann recht aufwändig sein und zu unangenehmen Komplikationen führen, wenn es sich um wilde Tiere handelt. Was in der Natur nicht vorkommt, sollte nach alter Auffassung eingetauscht werden. Muss es dazugekauft werden, so sollten nur die Grundsubstanzen erworben und die endgültige Zutat selbst zubereitet werden (Duftöle, Pulver aus Gewürzen oder Kräutern). Bestandteile des eigenen Körpers gehören ohnehin in die meisten Fetische (Haare, Nägel). Alle Zutaten müssen für die Erschaffung des magischen Gegenstandes bereitliegen, bevor man sich endgültig an die Arbeit machen kann.

Spüren – Jeder ausgewählte Gegenstand wird, bevor die eigentliche Arbeit beginnt, in der Hand gefühlt, um zu spüren, ob es auch der richtige ist. Beim leisesten Zweifel darf er nicht benutzt werden, er würde das Gesamtgefüge stören.

Schöpfung – Mit den Händen und unter Zuhilfenahme aller Sinne formt man zum Beispiel aus Ton, Stoff, Holz, Leder den magischen Gegenstand, egal ob Talisman oder Puppe. Er muss zu dem werden, was in ihm gesehen wird, bevor er mit allen anderen Zutaten dekoriert wird. Damit ist dem rituellen Gegenstand der Zutritt zu unserer Welt eröffnet. Nach dieser Phase darf keinerlei Veränderung an dem eigentlichen Gegenstand vorgenommen werden. Selbst wenn man das Erschaffene für wenig gelungen erachtet: Es bleibt, wie es ist. Denn nach Auffassung der Priesterinnen lebt es in diesem Augenblick bereits. Sie sagten, dass gerade kleine Missbildungen eines Fetischs oder einer Puppe später als besonders liebenswert empfunden werden. Einzigartig eben – wie die Erschafferin, die ja auch nicht fehlerfrei ist. Danach muss er ruhen und sich aufladen. Sollte der Fetisch als nicht mehr passend empfunden werden, kann er in einer feierlichen Zeremonie, die jener des Schöpfungsakts gleicht, behutsam verändert werden. Dies gilt vor allem für Seelenpuppen, die ich später beschreibe.

Dekorieren – Das Schmücken (zum Beispiel Kleider bei Puppen oder Verzierung von Amuletten) ist nach der Schöpfung die zweite Phase des kreativen Gestaltens. Entsteht dabei das Gefühl, man habe zu viele Dinge bereitgelegt, so lässt man mutig weg. Materialien aus der Natur müssen dieser wieder zurückgegeben werden. Käuflich erworbene Gegenstände können für den Bau weiterer magischer Gegenstände aufbewahrt werden.

Odem einhauchen – Ein wichtiger Vorgang ist dem Gegenstand Leben einzuhauchen, damit er zu einem aktiven Wesen werden kann. Geräusche mit Glocke, Klangschale, Trommel, Rassel oder auch der eigenen Stimme begleiten das sanfte dreimalige Anpusten. Anschließend wird ein Name für das neuerschaffene Wesen gefunden. Der Name kann weiblich oder männlich sein. Man hält das Wesen in alle Himmelsrichtungen und bittet um deren Segen; anschließend um die Hilfe der Elemente, indem man etwas Wasser über das Wesen tröpfelt, es sanft in der Luft hin und her bewegt, eine weiße Kerze entzündet und ein paar Körnchen Erde oder einen Stein darauf legt. Ein ätherisches Öl vervollkommnet die Weihe: Man fängt in der Mitte an (dort, wo etwa der Nabel ist) einige Tropfen zu verträufeln und verreibt mit der rechten Hand das Öl nach oben. Entsprechend wird von der Mitte abwärts vorgegangen. Nach der reinen Lehre der Priesterinnen wird das Wesen gemeinsam mit seiner Schöpferin mit dem Duft edler Hölzer beräuchert.

Aufbewahrung – Für die Aufbewahrung des magischen Wesens muss ein Ort gesucht werden, der ihm voll entspricht: Seelenpuppen sollten immer bei ihrer Schöpferin schlafen, um über deren Körperwärme ihre Energie aufzunehmen. Puppen zum Anziehen oder Verbannen von Menschen brauchen Stoffe, in die sie komplett eingehüllt werden. Andere Fetische ruhen in Kalebassen oder kleinen Kisten, stets sorgfältig verhüllt.

Pflege und Erhaltung – Man muss sich bewusst machen, dass man ein magisches Wesen geschaffen hat, das gepflegt und erhalten sein will. Genau wie wir essen und atmen, braucht das Wesen Ansprache und Fürsorge. Es muss öfter zur Hand genommen und angeredet werden. Wird es vergessen, hat es seinen Zweck ohnehin erfüllt.

Beopferung – Wer an die Kräfte der Magie glaubt, wird diesen Punkt strengstens beachten: Fetische verlangen geradezu nach Aufmerksamkeit! Und das sind Opfer, zum Beispiel in Form einer Kerze, von Lebensmitteln (Reis, Obst, Nüsse), Pflanzen und Steinen aus der Natur oder ätherischer Öle. Auch Schmuck ist möglich. Fetische, die der schwarzen Magie dienen, gehen da entschieden weiter: Blut muss her! Jeder Fetisch, dessen Dienste nicht mit Opfern entlohnt werden, kann sich schlimmstenfalls gegen seine ErschafferIn wenden. Die Folge ist ein sehr aufwändiges Sühneopfer, das in Afrika nur ein Priester vornehmen darf.

Vernichtung – Magische Wesen dürfen nicht einfach weggeschmissen werden. Sie müssen erst entladen und dann während eines Rituals entweder in einen Fluss geworfen oder im Boden vergraben werden. Die Entladung kann nur durch einen Dank erfolgen, so dass das Wesen wieder zu einem Gegenstand wird. Folgende Worte können bei dem Vernichtungs-Ritual gesprochen werden: »Vielen Dank …, du hast deinen Zweck erfüllt. Werde wieder Material oder Gegenstand. Hiermit entziehe ich dir deinen Namen und deine magische Kraft.« Falls in dem Gegenstand giftige Pflanzen oder Teile verwendet wurden, so sind diese getrennt von dem Gegenstand zu beseitigen.

Herstellung eines kleinen Fetischs oder *jujus*

Jeder Fetisch muss einen Behälter für magische Zutaten besitzen, der das Herz darstellt: ein Säckchen aus Stoff gefüllt mit Fingernägeln, Haaren, auf die Blut geträufelt wurde, oder einem kleinen Holzgefäß, gefüllt mit zu Pulver gemahlenen Zutaten wie Hirse, Mais, Reis, Samen aller Art, Nüsse und Kerne, vergorener oder gepresster Pflanzensaft, Öl, Absud, Wein, Kaffee, Bier, Tabak und natürliche Kräuter, zum Beispiel Brennnessel oder die Erde eines Termitenhügels. *Jujus* werden in Afrika auch hergestellt aus getrockneten Köpfen von Reptilien, der Galle eines Leoparden und Krokodils, den Füßen von Tieren, die sich schnell fortbewegen, oder den Flügeln von Fledermäusen. Für ein männliches *juju* sollen drei, für ein weibliches vier Zutaten benutzt werden.

Menschliche Ingredienzien übertreffen in ihrer Wirkung die eines Tieres. Ein *juju,* das Liebe, Kraft, Stärke, Glück, Schönheit oder Talent verleihen soll, wird durch Blut, Sperma, Urin, Kot, Speichel, Schweiß und Muttermilch kraftvoller. Nägel, Haare, Zähne, Hautschuppen, Haare von Achseln und Geschlechtsteilen enthalten die Kräfte eines Menschen. In Afrika vergrub Johns Bruder nach der Geburt eines Kindes Plazenta und Nabelschnur, damit sie nicht als mächtiger Fetisch gegen das Kind und seine Mutter verwendet werden können.

Mineralische Substanzen wie Steine, Kiesel, Flusserde, Sand vom Meeresstrand, Kreide, weißer Lehm verweisen auf Vorfahren. Die Graberde trägt unmittelbare Kraft. Erde wird für das *juju* mit anderen magischen Gegenständen vermischt, zu Klumpen geknetet oder in Form kleiner Krumen und Brocken verwendet. Wenn es schwer fällt, die von der Intuition angezeigten Materialien zu besorgen, dann sind es für das *juju* die passenden.

Herstellung einer Seelenpuppe

Eine Seelenpuppe stellt die Persönlichkeit der Erschafferin dar, ihr zweites Ich. Ihr endgültiges Aussehen ist so geheim, dass die Priesterinnen im Einweihungslager lediglich das theoretische Wissen vermittelten, also den Bau irgendeiner Puppe. Denn wer sich eine Seelenpuppe erschafft, kreiert kein Spielzeug, sondern ein Abbild seiner selbst – zusammengesetzt aus äußeren und inneren Merkmalen. Die Seelenpuppe weist folglich alle körperlichen Charakteristika der Frau auf, wie Haarart und Augenfarbe, Über- oder Untergewicht. Brille, Narben, Leberfleck sowie kleinere oder größere persönliche Merkmale können – je nach Bedeutung, die diesen Äußerlichkeiten beigemessen wird – bereits seelische Verletzungen darstellen. Die Puppe bildet ihre Besitzerin ohne Beschönigung ab, denn darin liegt ihr tieferer Sinn. Psychologisch ausgedrückt soll sie helfen, sich selbst zu erkennen und zu lieben.

Sie darf auf gar keinen Fall idealisiert sein. Wer also über Rheuma klagt, gibt seiner Seelenpuppe schwerfällige Glieder. Wer unter Migräne leidet und überzeugt ist, dass diese Krankheit ihm die Lebensfreude vergällt, legt der Puppe einen missgestimmten Ausdruck ins Gesicht. Rückenschmerzen bringt ein dicker Buckel zum Ausdruck.

Im Laufe der Zeit können diese Eigenschaften verändert werden. Und zwar in der Richtung, in der auch die Besitzerin sich entwickeln möchte. Wer sich zu dick fühlt, kann der Puppe Füllmaterial entnehmen. Aber: Dann muss auch damit begonnen werden, das wirkliche Gewicht entsprechend jenem der Seelenpuppe zu reduzieren. Mit zunehmendem Alter wird auch die Puppe älter und nimmt in einer kleinen Aussparung ihres Bauches beispielsweise Fotos von geliebten Menschen, die ersten Zähne der Kinder oder ihre ersten Locken sowie Haare oder Fingernägel des Partners auf. Dies ist Ausdruck ihrer Liebe oder wirkt als Schutz, den sie stellvertretend für ihre Erschafferin gewährt – Mann, Kindern, sogar dem Haustier.

Die Seelenpuppe will behandelt werden wie das eigene Ego und darf nie lange allein gelassen werden. Eine Seelenpuppe schafft Verantwortung, da sie nie bei anderen Menschen verbleiben darf. Sie muss immer sauber und ordentlich aussehen und sich in einer Umgebung aufhalten, die sicher und bequem ist. Ist das nicht der Fall, ist dringend für Abhilfe zu sorgen, wobei zunächst die Puppe – sie verkörpert schließlich die Seele ihrer Erschafferin – liebevoll hergerichtet werden muss, bevor man sich selbst entsprechend zur Ordnung ruft und das eigene Leben in den Griff zu bekommen versucht.

Der Stoff, aus dem die Puppe hergestellt wird, muss getönt sein wie die eigene Haut. Er sollte in klarem Wasser gewaschen werden. Mila riet zur Waschung in eigenem Urin. Aber ich denke, das eigene Lieblingsparfüm ist etwas angenehmer. Wenn der Stoff trocken ist, muss er einige Tage unter der Achselhöhle oder im Slip getragen werden. Danach ruht er beim Schlafen jeweils für vier Tage (dem alten afrikanischen Wochenmaß) unter Kopf und Nacken, auf der Brust, dem Magen und unterm Becken. Eine aufwändige Prozedur, aber magisches Schaffen beruht ursächlich auf der persönlichen Bindung zwischen Mensch und Ding, die für jedes magische Wesen essenziell ist.

Der Körper der Puppe samt Kopf wird aus einem Stück Stoff herausgeschnitten. Der Kopf darf niemals separat ausgeschnitten werden, wie zum Beispiel Arme und Beine. Die Nähte dürfen sich nur am Scheitel der Puppe, an den Füßen und an den Seiten befinden. (Ein Schnittbogen als Vorbereitung erleichtert die Arbeit; auf seiner Grundlage können später auch andere Puppen hergestellt werden.) Das Garn zum Nähen der Puppe ist aus der gleichen Farbe wie der Stoff. Das Füllmaterial bestimmt die Kraft der Puppe. Mila empfahl als »Wirbelsäule« einen vom Korn befreiten, in Asche getrockneten Maiskolben, der mit Raphiafasern (in unseren Breiten Wolle, aber das macht die Puppe etwas plumper) ummantelt wird. Diese »Wirbelsäule« entspricht mehr dem Element Erde. Wer sich dem Element Wasser verbunden fühlt, nimmt das gründlich gereinigte und abgekochte Skelett (oder den mittleren Teil) eines großen Fischs.

Für die inneren Organe folgt man der eigenen Intuition oder Fantasie: Fürs Herz zum Beispiel verwendet man ein mit Rotöl und eigenem Blut beträufeltes Läppchen in Herzform. Es kann aber auch ein Rosenquarz sein, wenn man es so empfindet, oder ein Stück aus einem Baum, der vor dem Fenster steht; für den Darm Wolle, die in Wachs getränkt worden ist – sollte man Darmprobleme haben, taugt ein Stück schwerer dunkler Knetmasse; für die Lungen Sisalschwämmchen; für die Niere in Urin getauchte Tonscherben, die im Falle von Nierenerkrankungen eine schadhafte Stelle aufweisen. Andere Organe können aus Zweigen, Kieselsteinen, Wurzeln oder Quarzen hergestellt werden. (Nur verwenden, was man als richtig empfindet, dann entspricht es auch dem Organ.) Damit alles an dem ihm zugedachten Platz bleibt, wird es behutsam mit Garn umwickelt und am Skelett oder dem Füllmaterial befestigt. Das ist sehr mühselig: Der Gedanke, dass man selbst im Mutterleib neun Monate zum Wachsen gebraucht hat, versöhnt ein wenig. Für die Kopfschale kann eine große, feste Muschel benutzt werden. Auf Füße und Hände werden abgeschnittene Nagelschnipsel geklebt. Arme und Beine können mit ausgekochten Hühnerknochen gefüllt sein, Draht stellt eine Verbindung zur Wirbelsäule her.

Für die Frisur sollte idealerweise eigenes abgeschnittenes Haar aufgeklebt oder eingenäht werden (Flachs in der eigenen Haarfarbe oder entsprechendes Kunsthaar sind europäische Ersatzmittel. Auf keinen Fall darf fremdes Haar, auch nicht das der Kinder oder des Liebsten, benutzt werden.) Ein getragenes Haarband ist ideales Füllmaterial für den Kopf. Für Augen können Knöpfe oder Perlen in der eigenen Augenfarbe verwendet werden. Augenbrauen und Wimpern kommen aus der Kosmetikschachtel, wenn man diese künstlichen Produkte auch selbst verwendet, sonst reicht ein Kajalstrich. Die Nase besteht aus kleinen Nüssen (in unseren Breiten eine kleine trockene Kastanie oder Eichel); Mund und Lippen werden aus Stoff gefertigt und mit eigenem Lippenstift gefärbt; die Zunge besteht aus Filz mit Spucke; Ohren aus aufgeklebten Muscheln oder ebenfalls Filz. (Hier wird weggelassen oder betont, was von persönlicher Bedeutung ist: Wer viel redet, formt seinen Mund größer als die Ohren – Selbsterkenntnis!) Schließlich muss die Puppe so gekleidet werden, wie man sich selber am häufigsten anzieht – Miniaturausgaben von Unterwäsche, BH, Rock/Kleid/Hose, Pullover, Schuhen, Gürtel und Lieblingsschmuck nicht zu vergessen. Auch Mini-Brille und andere Accessoires wie symbolische Formen von Handtasche und Aktenkoffer dürfen nicht fehlen, wenn man ein Leben als Bürofrau führt. Der Duft des Lieblingsparfüms ist besonders wichtig, geht aber meistens schon während der Arbeit an der Seelenpuppe auf diese über.

Ihre Anfertigung kann sich über Wochen oder Monate hinziehen, deshalb muss dafür eine ruhige Stelle in der Wohnung gesucht werden. Bereits die Herstellung der Puppe ist ein Geheimnis, das mit absolut niemandem geteilt werden darf. Vor dem Verstecken muss sie stets mit einem sauberen, weißen Tuch bedeckt werden. Die Arbeit an der Puppe ist tabu, wenn man krank, depressiv oder wütend ist, da sich dieser momentane Zustand für immer negativ auf die Puppe, die letztlich positiv gestimmt sein soll, übertragen würde.

Jeder hat eine andere Vorstellung von der Größe der Seelenpuppe. Manche wollen sie ständig bei sich tragen, andere freuen sich darauf, dass die Puppe in ihrem Bett liegt, wenn sie nicht gebraucht wird. Ein wichtiger Aspekt für die Puppe ist ihr Name, der ihr in einer Zeremonie verliehen werden muss: Es ist manchmal der eigene, oft aber auch der eines Alter Ego, den man schon in Kindheitstagen für sich selbst gewünscht hatte.

Mit der Herstellung wird die Puppe zur Persönlichkeit. Die Seelenpuppe ist kein Spielzeug. Deshalb fällt es einer Herstellerin nicht schwer, den besten Umgang mit der Puppe selbst zu bestimmen. Alles, was gefällt oder nicht gefällt, kann der Puppe mitgeteilt werden. Sie kann einen Liebhaber ersetzen, wenn sie mit ins Bett genommen wird. Eine geliebte Seelenpuppe ist kostbar, einzigartig und lebenslang treu. Vorsicht also mit ihrer Herstellung. Niemand sollte die Puppe sehen oder berühren, der nicht vertrauenswürdig ist. Auch nicht der Partner. Sie muss ein Geheimnis bleiben!

Basteln von Puppen zum Erobern oder Verbannen

Afrikanerinnen stellen ihre magischen Puppen meistens aus Stoff, Kräutern, Wachs, Ton oder Holz her. Heutzutage benutzen sie allerdings auch Fotos, die im Inneren der Puppe, zwischen Kleidung und Körper befestigt werden. Der Zweck heiligt die Materialien, ebenso wie die anschließende Weihe. Wenn eine Puppe zum Beispiel den Mann der Träume darstellen soll, so kann sie seine blonden Haare haben (aus gelber Wolle oder Flachs), breite Schultern (durch mehr Füllmaterial für den oberen Körperteil), einen knackigen Po (Stopfen!) und einen langen Penis (ein Stoffstück, das in Wachs getaucht wird). Heutzutage können bereits Puppen für magische Zwecke übers Internet aus Amerika bestellt werden. Aber sie sind austauschbar, nicht individuell, wurden nicht aus einem Material angefertigt, das der rituellen Handlung entspricht.

Partnerschaftspuppen

Liebes- oder Partnerschaftspuppen werden genauso hergestellt. Sie müssen mindestens zweimal pro Jahr in einer Vollmondnacht mit Ölen für die Liebe und Körperflüssigkeiten der Liebespartner geweiht werden. An diesem Ritus können beide Partner teilnehmen, wenn sie mit dem Bau von Partnerschaftspuppen einverstanden sind.

Liebe deine Puppe wie dich selbst …

Mit einer magischen Puppe sollte von Anfang an wie mit einem Menschen gesprochen werden. In einer Weihezeremonie muss sie geküsst und dreimal intensiv angehaucht oder von Mund zu Mund beatmet werden, damit sie zu einem magischen Wesen wird. Auf das Herz der Puppe sollte, im Rhythmus des eigenen Herzens oder Pulsschlags, dreimal (männliche Puppe) oder viermal (weibliche Puppe) geklopft werden. Liebespuppen können durch das Benetzen mit Samenflüssigkeit oder Menstruationsblut während der Weihe für rituelle Zwecke aufgewertet werden. Für die Weihezeremonie der Liebespuppen sollten Kerzen aufgestellt sein und Düfte – je nach Geschmack, Zweck oder Laune – benutzt werden. Der Puppe können, als symbolische Handlung der Liebe, ein paar Leckerbissen, zum Beispiel Keks- oder Schokoladekrümel, an den Mund gehalten werden. Ein paar Tropfen Alkohol, etwa roter Wein, stellen, auf die Puppe geträufelt, ihr Blut dar. Nach der Weihezeremonie und dem jeweiligen Gebrauch wird die Puppe in ein weißes Baumwolltuch eingewickelt und an einem sicheren, geheimen Platz verwahrt. Partnerschaftspuppen, von denen beide Partner wissen, können auch im Bett schlafen. Liebesmagie mit Puppen, die dem Sex dienen soll, wird erst richtig interessant und schön, wenn zwei Puppen gerade das machen, was man selber gerne tun würde.

Magische Puppen sind so aufgeladen, dass sie nicht einfach vernichtet werden dürfen. Erst nach einer sorgfältigen Reinigungs- und Entladungszeremonie dürfen sie begraben werden.

Herstellung eines Amuletts und Talismans

Sehr viel Zeit wendeten die Priesterinnen dafür auf, uns die Herstellung von Glück, Gesundheit und Schutz bringenden Amuletten und Talismanen beizubringen. Sie sollen aus natürlichen Materialien nach der oben erwähnten Vorgehensweise angefertigt werden. Falls Amulette ständig getragen werden, ist ein Lederamulett das beste. Hierzu schneidet man sich ein Stück Leder zurecht und wickelt in dieses magische Kräuter und Kraftobjekte: zum Beispiel eigene Haare oder einen Ring, den Sie lange am Finger getragen und besonders geweiht haben, wenn der Liebste das Amulett bekommen soll; sehr wirkungsvoll ist der Milchzahn eines gemeinsamen Kindes zusammen mit Ihren Fingernägeln – schafft Familienbande. Anschließend wird das Lederstück gefaltet und gut zusammengenäht. Das Amulett kann an einem Lederband oder an einer Kette getragen werden. Eine Kaurischnecke, ein Glücksstein oder eine Spiegelscherbe, auf das Amulett geklebt, sind gleichzeitig Talisman und Schmuck.

Amulette können auch für die Handtasche, das Auto, den Altar, die Wohnung oder das Bett gebastelt werden. Amulette über der Haustür bringen Segen.

Als Duftpflanzen zum Anfertigen eines Amuletts dienen Alraune, afrikanisches Basilikum, Bergamotte, Drachenblutharz, Frauenhaar, Jasmin, Koriander, Lavendel, Limetten, Majoran, Rose, Rosmarin, Tonkabohnen. Aus dieser Kräuterliste müssen Sie die aussuchen, deren Duft Ihnen gefällt. Sie werden gut zerkleinert in ein Stückchen Leder oder Stoff genäht, mit ätherischen Ölen beträufelt und geweiht. Ins Amulett kann zudem ein Foto gelegt werden.

Der Talisman ist reiner Glücksbringer und besteht aus einem Stein, einem Zweig, Blütenblättern, Münzen oder Fotos. Sie sollten jedoch zusätzlich mit ätherischen Ölen für einen bestimmten

Zweck geweiht werden. Jeweils ein Talisman sollte ins Auto, in die Geldbörse oder in die Hand- oder Aktentasche. Die Farbe und Beschaffenheit kann sich aus dem Geschmack der BesitzerIn ergeben.

Das Liebesband für die Taille, mit dem die Kräuterheilerin Zaynab viele zufriedene Kundinnen gewonnen hat, besteht aus einem weißen, mehrfach gefalteten Tuch, in das zerstampfte Kräuter wie Abelmoschus, Myrrhe und Minze, Granatapfelkerne und der getrocknete, pulverisierte Hoden eines Ziegenbocks gebunden werden und das mit Krokodildrüsenextrakt beträufelt wurde. Das Tuch wird so oft gefaltet, dass es zu einem Band wird, in dem alle Kräuter sorgfältig eingeschlossen sind. Das gefüllte Band wird mit einem roten Seidenfaden zusammengenäht.

Ein Stück Afrika

In afrikanischen Hütten stehen nur wenig Möbel. Die Schlafstellen bestehen oft nur aus Matten am Boden. Die werden in mühevoller Arbeit, aus fein geglätteten Fasern der Blattschäfte der Raphiapalme, in verschiedenen Farbtönen und Webmustern gearbeitet. Felle aus Kuh- oder Ziegenhaut werden ebenfalls als »Matratzen« benutzt. Fein geschnitzte Nackenstützen aus Holz dienen als Kissen. Ein sehr wichtiges Möbelstück ist der Hocker. Früher wurde ein Afrikaner nach seinem Hocker beurteilt und geachtet, heute nach seinem Auto. Hocker dürfen wie Nackenstützen nicht verliehen werden. Afrikanerinnen bemalen ihre Hütten oftmals innen und außen mit den in diesem Buch wiedergegebenen Symbolen. Früher wurden die Wände einer afrikanischen Hütte aus einer Mischung von Kuhdung und Lehm gefertigt, in deren feuchte Oberfläche dann mit den Fingerspitzen die entsprechenden Linien gezogen wurden. Die Symbole drücken aus, was die junge Frau sich beim Einzug in ihre Hütte für die Ehe wünscht: viele Kinder, einen guten und treuen Mann, keinen Streit, Fröhlichkeit, Weisheit, Aufrichtigkeit oder Rücksichtnahme.

Um den Eindruck einer afrikanischen Liebeshöhle auch in Deutschland zu schaffen, können die Wände des Schlafzimmers in

Naturfarben bemalt werden – zum Beispiel Ton in Ton mit Gelb, Orange, Ocker, Braun. Anschließend werden die Wände mit Symbolen und Mustern verziert – vielleicht vereinfachten, bewusst naiven Tiergestalten. Dunkle oder helle Streifen an den Ecken und Rändern runden das Gesamtbild ab – zum Beispiel Schattenspiele mit einer Lampe und einer Palme oder einem Ficus: Die Umrisse werden nachgezeichnet und koloriert. Kein Schwarz benutzen: Schatten sind weich – etwa dunkles Braun auf ockerfarbenem Untergrund. Das Farbenspiel sollte insgesamt von unten nach oben heller werden, damit der Gesamteindruck nicht zu dunkel wird.

Ein Schlafzimmer sollte sparsam möbliert sein. Eine sehr große Schlafstelle wird mit Fellen oder Baumwollmatratzen (Futons) ausgelegt. Viele bunte Tücher und Kissen in erdigen Farben darauf platziert schaffen Atmosphäre. Wandbilder und -bespannungen sowie Vorhänge aus gewachsten Batikstoffen in Naturtönen, Matten aus Raphiafasern, die als Teppich oder Sitzgelegenheit benutzt werden, und bunte Perlenschnüre als Dekoration an Vorhängen oder Jalousien können entweder selbst angefertigt oder auf Märkten erstanden werden. Bei der Auswahl gehen Sie vor wie bei der Erschaffung eines Fetischs. Nichts anderes ist Ihr Schlafzimmer im Idealfall – ein geheiligter Raum, der Ihren Stempel bis ins kleinste Detail trägt. Sie können ihn mit kostbaren Details aufwerten: edlen, handgefärbten oder mit Symbolen verzierten Batiken, einem alten afrikanischen Holzhocker, einer Holzstatue. Ein kleiner Altar für die jeweilige afrikanische Göttin der Liebe in der Ecke eines Schlafzimmers aufgestellt, mit Kerzen, einer hübschen Wasserschale und Räuchergerät versehen, macht den Raum zu einer afrikanisch anmutenden Stätte der Liebe. Schlafzimmer sollten in kurzen Abständen rituell gereinigt und beräuchert werden. Anschließend streuen Sie unter oder auf die Matratze Blütenblätter oder magisches Liebespulver, bereichern Kissen durch Amulett oder Talisman und stellen duftende Wasserschalen unters Bett oder in die Ecken. Ein *juju* übers Schlüsselloch gehängt verwehrt bösen Geistern den Zutritt …

Das Auge sieht, der Geist versteht.

Weisheit der Hausa

Afrikanische Pflanzen und Mittel für die Liebe

D *Abelmoschus* stammt von der Pflanze Hibiscus moschatus. Der Pflanzensamen riecht nach Moschus und gilt als stark wirkendes Aphrodisiakum, das das sexuelle Verlangen anregt. Die Tinktur ist in Apotheken und Naturläden erhältlich.

Alaun ist ein farbloses, aus transparenten Kristallen bestehendes Pulver, das in warmem Wasser löslich ist und desinfizierend wirkt. Afrikaner nehmen gerne Fußbäder in Alaunwasser zu rituellen Zwecken und zur Entspannung.

Aloeholz ist einer der feinsten Räucherstoffe, entfaltet einen betörenden Duft und gilt als Aphrodisiakum. Aus dem harzigen Holz können ätherische Öle gewonnen werden.

Alraune ist eine klassische Hexenpflanze mit narkotisierenden Alkaloiden, die bei Überdosierung töten kann. Sie wird in Palmwein eingelegt getrunken oder zu Salben und Tränken verarbeitet. Zu allen Zeiten galt die Alraune als Zaubermittel, das zu Liebe, Gunst und Glück verhalf. Alraune heilt Krankheiten, macht unfruchtbare Frauen fruchtbar, schützt gegen Hexen und Zauberer und ist ein unfehlbares Liebesmittel. Da die Wurzel, die über einen halben Meter Länge und mehrere Kilogramm Gewicht erreichen kann, meistens menschenähnliche Gestalt hat, galt sie jahrhundertelang als zauberkräftigste aller Pflanzen und wurde auch in Hexensalben verwendet.

Ananas entschlackt, entwässert und tonisiert den ganzen Körper. Eine frische, reife Ananas, mit Chilipulver gewürzt, soll die Sinne erregen und das Liebesverlangen steigern. Ananas enthält ähnliche Stoffe wie die Papaya. Sie wird als unreife Frucht in Abkochungen auch als Abtreibungsmittel genutzt. Ananassaft und Rum sind die Basis vieler erotischer Drinks aus Afrika.

Anis enthält ätherische Öle und wirkt anregend. Als Gewürz passt es zu Fisch. Anis findet in alkoholischen Getränken Verwendung.

Bananen – Vom Bananenbaum können fast alle Teile genutzt werden. Bananenchips sind sehr beliebter Proviant. Bananenblätter werden zum Einwickeln, zum Abdecken, als Verpackungsmaterial oder in Ritualen verwendet.

Basilikum aus Afrika überdeckt andere Gewürze im Geschmack, schmeckt intensiver als das uns bekannte und muss frisch verwendet werden, um eine sexuell stimulierende Wirkung zu erzielen. Die ätherischen Öle und Gerbstoffe verbessern die Durchblutung des Penis und beeinflussen die Penisgröße im erigierten Zustand positiv. Auch bei Frauen regt es die Durchblutung der Genitalregion an.

Beinwell ist eine alte Heilpflanze, deren junge Blätter auch als Salat gegessen werden. Der Geschmack ist mild-würzig und angenehm. Es gilt als Heilkraut gegen Potenzschwäche. Die Drüsensekretion wird verstärkt, so dass sie als natürliches Gleitmittel gilt, falls genug davon verzehrt wird.

Benzoeharze werden als Duftstoffe genutzt. Sie geben beim Räuchern einen etwas harzigen, schwülstigen Vanilleduft ab. Der Rauch wirkt aufhellend, stimmungsbelebend und hat leicht psychoaktive Effekte. Benzoin wird als Konservierungsstoff für Lebensmittel und Kosmetika genutzt und kann als ätherisches Öl gekauft werden.

Betelnuss stammt von einer Palme. Sie schmeckt unangenehm und wird deshalb in Wein eingelegt konsumiert. Ein kleines Stück Betelnuss kann lange im Mund behalten werden, um den Saft dieser Frucht langsam durch Speichel freizusetzen. Sie wirkt auf das zentrale Nervensystem und hat stimulierende Wirkung, fördert die Durchblutung des Unterleibs, steigert die Koitusfrequenz, erleichtert die Erektion, vermehrt die Sekretion der Genitaldrüsen.

Bilsenkraut wächst auf afrikanischen Müllhaufen, hat halluzinogene und narkotische Wirkung. Die Blätter und Samen werden geraucht, die Samen in alkoholischen Getränken verwendet. Bilsenkraut wird auch zum Brauen von Bier benutzt.

Bitterleaf ist ein spinatähnliches Gemüse mit sehr bitterem Geschmack, das zusammen mit Fleisch gekocht wird und eine tonisierende Wirkung auf die Schleimhäute hat.

Buchu-Blätter gehören zu den Rautengewächsen und können als Salat oder Tinktur verwendet werden. Sie steigern die Durchblutung der Genitalien, lassen die Prostata abschwellen und steigern die Libido. Pygmäenstämme essen die Blätter täglich roh, da dadurch das Immunsystem angeregt wird.

Cayennepfeffer wirkt anregend auf das Nervensystem und findet als Gewürz Verwendung. Es kann im Mund brennen, verursacht aber keine Schleimhautreizung. Es verbessert die Spermaqualität und die Orgasmusfähigkeit und wird auch gegen Unfruchtbarkeit eingesetzt.

Chili ist eine Pfefferart, die heiß und geil macht. Vorsicht bei Augen und anderen empfindlichen Teilen, Chili brennt höllisch.

Cupebapfeffer sind Beeren, die sowohl im frischen Zustand oder auch als Tinktur genutzt werden können. Er lässt das sexuelle Verlangen wachsen und fördert die Orgasmusfähigkeit. Die gemahlenen Pfefferkörner können in alkoholischen Getränken angesetzt und nach drei Wochen Ruhezeit abgeseiht werden. Dieses Anregungsmittel soll dreimal täglich vor den Mahlzeiten eingenommen werden, um den Penis oder die Schamlippen besser zu durchbluten. Die Blätter der Pflanze können auch als Tee verwendet werden, um Schwäche, Müdigkeit, Energieverlust und nachlassende Konzentrationsfähigkeit zu beseitigen. Unregelmäßiger Zyklus wird oft durch Cupeba beseitigt.

Damiana sind wirksame Blätter der Pflanze Durnera diffusa und werden als starkes Aphrodisiakum gepriesen. Frauen sollen vor dem Geschlechtsverkehr ein bis zwei Tassen davon als Tee trinken, um entspannt, frei von Angst und Hemmungen zu sein. Man kommt dabei relativ spät zum Höhepunkt, erlebt ihn aber intensiver und ausdauernder. Es erhöht die Reizbarkeit der Klitoris, steigert die Fruchtbarkeit, das sexuelle Erleben und die Orgasmushäufigkeit.

Datteln geben Energie und steigern die männliche Potenz. Sie sind ein wichtiger Bestandteil der afrikanischen Ernährung und eines Palmweins, der aus ihnen gewonnen wird und aphrodisisch wirkt.

Einhornwurzel regt das Immunsystem an, sensibilisiert für sexuelle Reize, beseitigt Lustlosigkeit und Gleichgültigkeit.

Eisenkraut wächst wild im Busch und macht angeblich den Penis eisenhart. Es wird als Aphrodisiakum, Heilpflanze und Zauberkraut verwendet und in der Liebesküche als Tee zubereitet. Man bereitet Eisenkraut auch als Amulett zu, das man auf der nackten Haut trägt, wenn man von jemandem geliebt werden will.

Engelstrompeten werden zu Heilzwecken benutzt. Bei Genuss kann man in höchste Erregung, Erstarrungszustände, Wutanfälle, Krämpfe und anschließend in einen mehrstündigen Schlaf fallen. Schreckensvisionen sind möglich, der Genuss kann auch zum Tod führen.

Feigen sind frisch und reif ein verführerischer Anblick, ihr Genuss sollte zelebriert werden. Feigen existieren in vielen Farben, auch getrocknet. Sie haben einen hohen Zuckeranteil, viele Vitamine und Mineralstoffe und können als köstliches Dessert zur Verführung zubereitet werden.

Frauenhaar wird in Amuletten und Talismanen verwendet, meist von Frauen, die einen Mann begehren. Die Pflanze wird mit roter Seide umwickelt, mit Liebesöl befeuchtet und direkt auf die Genitalien getragen, um einen Liebhaber anzuziehen.

Galgant kann als Gewürz verwendet werden und wirkt stark anregend und psychedelisch. Es schmeckt würzig-scharf wie Ingwer und wird als Liebes- und Heilmittel mit Alkohol angesetzt.

Ginseng aus Afrika harmonisiert und kräftigt die Sexualität. Er wirkt als Stimulansmittel nur bei regelmäßiger Einnahme und kann in Form von Teeblättern, Tonikum, Wein oder Tabletten gekauft werden. Echter Ginseng aus Asien ist wesentlich teurer.

Granatapfel ist eine Liebesfrucht, die den Göttern geweiht ist und oft rituell verwendet wird. Sie schmeckt gut als Dessert und bringt garantiert Stimmung. Die roten Kerne sehen in grünen Salaten sehr erotisch aus. Man kann den Saft auspressen, indem man ein Loch in die Schale schneidet und mit der Hand ausdrückt.

Hamamelis wird aus Blättern und Rinde des Hamamelisbaumes gewonnen. Das Hamameliswasser ist ein wässriger Auszug davon, hat einen erfrischenden Geruch und ist farblos. Es findet häufig in der Kosmetik Verwendung.

Henna wird aus fein gepulverten Blättern des Hennastrauches gewonnen und ist von gelblich grüner Farbe.

Hoden gelten als Stimulans für Männer. In Nigeria werden die Hoden des Ziegenbocks scharf zubereitet, auf dem Grill gegart und unter den wachsamen Augen der Frauen verspeist.

Honig wird in Afrika in vielen Liebestränken und Mixturen verwendet. Ein beliebtes Mittel auch in der Kosmetik.

Iboga enthält den psychedelischen Wirkstoff Ibogain und gilt als Aphrodisiakum. Es wird als geraspelte Rinde bei Initiationsfeiern kultisch verwendet eingenommen, um »den Kopf aufzubrechen«. Im Rausch wandert die Seele ins Land der Ahnen.

Immergrün gilt als Rauschmittel und Aphrodisiakum. Die getrockneten Blätter können geraucht werden.

Ingwer ist nur in tropischen Gebieten zu Hause, weckt hitzige Gefühle und stärkt die Erotik und Sexualität. Ein Rezept für die Liebe: Den Penis mit heißem Wasser und Sisalschwamm reinigen, bis er gut durchblutet ist, anschließend mit frisch geriebenem Ingwer in Honig kräftig einreiben.

Jasmin ist eine beliebte Pflanze für Liebeszwecke. Da ihre Blüten sehr teuer sind und stark riechen, können sie pulverisiert und mit anderen Blütenpulvern vermischt werden.

Jojobaöl wird aus der immergrünen Wüstenpflanze Simmondsia gewonnen. Jojobaöl wird als Basisöl und bei Ritualen zur Weihe von Kerzen benutzt.

Kaffeebohnen werden in Afrika auch gekaut, um den Penis stärker zu durchbluten.

Kakao enthält neben Koffein auch Neurotransmitter, die Glücksgefühle auslösen können.

Kaktus – Afrikas Medizinmänner benutzen Kaktusteile als Heilmittel und um Visionen hervorzurufen.

Kalmus verbessert das Gedächtnis, aktiviert den Geschlechtstrieb und stärkt das sexuelle Verlangen. Zur Beseitigung von Gefühlskälte kauen afrikanische Frauen täglich ein drei bis fünf Zentimeter großes, bleistiftdickes Stück Kalmus.

Kaolin besteht aus feinster geschlämmter Tonerde und wird als feines weißes Pulver für magische Zwecke benutzt.

Kardamom ist wie Basilikum ein Kraut der Götter. Es wird zur Herbeirufung von Göttinnen in Ritualen genutzt. Eine Prise davon findet in vielen Räuchermischungen Verwendung.

Kermesbeere ist ein Seifenbaumgewächs und wird für die Kosmetik eingesetzt, zum Beispiel für die Herstellung von Seife, Shampoo und als Waschmittel für Kleidung. Die ausgequetschten Früchte werden tiefviolett und färben nicht, sondern reinigen zuverlässig.

Kokosnuss kann sexuell sehr stimulierend sein, wenn sie geraspelt mit Honig und Kardamom, Anis oder Fenchel verspeist wird.

Kolanüsse gelten als Speise der Götter. Sie spielen im afrikanischen Alltag eine große Rolle und werden Geliebten als Liebespfand zugespielt, bei Vertragsverhandlungen ausgetauscht, bei rituellen Handlungen benutzt und als Stimulans gekaut. Kolanüsse enthalten Koffein und sind sehr anregend.

Kreuzkümmel hilft untreue Liebhaber zu bekehren. Etwas davon zu Puder verarbeitet, dem Essen des Liebsten beigemengt oder in seine Unterhose gestreut verhindert, dass er untreu wird.

Leberwurstbaum wird nach den bis zu 60 Zentimeter großen Früchten benannt, die wie gewaltige Penisse aussehen. Mit Wasser verdünnt werden diese zum Wachsen der Brüste bei jungen Mädchen genutzt oder als Aphrodisiakum.

Mandeln haben in der afrikanischen Liebesküche, wie Erdnüsse, einen festen Platz. Milch aus Mandeln und Honig sind ein gutes Liebesgetränk. Zur Kräftigung der Manneskraft empfiehlt es sich, Honig mit 20 zerriebenen Mandeln und 100 Pinienkernen vermischt einzunehmen.

Mango ist eine erotische Liebesfrucht und bringt die Sexualdrüsen in Schwung. Wegen ihrer hodenähnlichen Form wird sie von Männern bevorzugt.

Minze wird spirituell genutzt. Sie bringt Schwung in andere Liebeskräuter, wenn sie zusammen Verwendung finden. Weiße Kerzen können mit Minzöl geweiht werden und helfen, unerwünschte Kräfte zu besänftigen und die Liebe anzuziehen.

Mistelzweige werden zerrieben als Puder in Ritualen benutzt oder auf die Schritte des Liebsten gestreut, um ihn herbeizulocken.

Moschus wird aus den sexuellen Drüsen zum Beispiel diverser asiatischer Hirscharten gewonnen. Mit Moschusöl lassen sich afrikanische Königinnen ihren Körper massieren, bevor sie ihren Liebsten besuchen.

Muskat gilt als Schutzpatron der Liebespaare. Er soll auch Interesse beim Partner wecken durch folgendes Rezept: »Bohre Löcher in die Muskatnuss und trage sie einige Tage unter der Achselhöhle, zermahle die Nuss und reiche sie dem Angebeteten in Palmwein.«

Mutterkorn ist ein an Getreide gedeihender Schmarotzerpilz, aus dem LSD synthetisiert worden ist.

Okra ist im Geschmack mild und sieht Bohnen ähnlich. Beim Kochen weichen Okras auf und sondern Schleim ab, der an Sperma erinnert.

Papayas sind köstliche Früchte, die in der Kosmetik und als Medizin Verwendung finden. Das Papain darin baut Gift ab. Getrocknete Papayablätter werden als Tabakersatz geraucht.

Pfeffer aus Afrika ist frisch bei uns nur sehr schwer erhältlich. Beim Zerschneiden der Schoten muss man vorsichtig sein, damit der Saft nicht in Schleimhaut oder Augen gelangt. Manche Sorten sind so scharf, dass allein das Anfassen zu Hautrötungen führen kann. Deshalb gleich nach dem Zubereiten gründlich die Hände waschen.

Pilze werden auch mystische Hexeneier, lüsterne Götterphalle, Götterspeise, Licht der Erde, Elfennahrung oder Geisterbrote genannt. Baumpilze gelten als Urmutter des Lebens. Pilze können kulinarische Köstlichkeiten sein oder als Drogen in Ritualen genutzt werden. Afrikanische Heilerinnen verwenden Zauberpilze rituell.

Piment ist afrikanischer Pfeffer und als Zutat zu Fleischgerichten in der afrikanischen Küche sehr beliebt. Es steigert den Geschlechtstrieb und die Leidenschaft.

Rosmarin soll die Treue bewahren helfen.

Safranfäden symbolisieren die männliche Kraft der Sonne. Safran kann in viele Speisen gemischt werden. Vorher werden die Fäden in einem Mörser zerrieben, so dass sich Farbe und Aroma optimal verteilen.

Sandelholz wird aus den rot färbenden Sandelholzbäumen gewonnen und riecht sehr würzig.

Schibutter ist eines der beliebtesten Pflanzenfette, die in Afrikas Küche und Kosmetik Verwendung finden. Sie macht Haut und Haare glänzend und geschmeidig und wird zur Körper- und Intimpflege verwendet. Am Ende einer Menstruation wird damit rituell gebadet. Die Butter hat eine deutliche erotische Komponente und wird mit männlicher Fruchtbarkeit assoziiert (Schibutter ähnelt Sperma). Schifettkugeln werden zum Beispiel, mit Sperma befeuchtet, von gebärwilligen Frauen mehrmals täglich während der fruchtbaren Zeit in die Vagina eingeführt. Schibutter ist von so milder Konsistenz, dass sie auch als Gleitmittel beim Geschlechtsverkehr verwendet wird.

Schnecken sind wegen der Ähnlichkeit mit der Klitoris als Aphrodisiakum beliebt. Afrikanische Schnecken können suppentellergroß sein und sind als ausgezeichneter Eiweißlieferant bekannt.

Tonkabohnen sind Hülsenfrüchte und riechen ähnlich wie Vanille. Ein angenehm duftendes Öl aus der Tonkabohne und Jojobaöl wird zur erotischen Massage oder zur Pflege der Haut genutzt.

Trichterwinde ist ein Heilmittel und wird in Ritualen benutzt. Nach der Einnahme fällt der Patient in tiefen Schlaf. Die Pflanzen werden auch zum Weissagen benutzt und können von Zauberern auch alleine eingenommen werden. Die rasch einsetzende Rauschwirkung führt zu Mattigkeit, Euphorie und Schläfrigkeit.

Vanilleschoten sind die Samen eines exotischen Orchideengewächses. Echte Vanille galt schon immer als Aphrodisiakum und wird als Gewürz gerne dem Kakao beigegeben. Vanille ist ein männlicher Geruch. Er wird in Düften oft benutzt, um sie zu stärken. Mit reifen Vanilleschoten reiben sich Frauen über Haut, Haar und Kleidung, um erotisch und verführerisch zu sein.

Veilchenwurzeln ziehen Liebe an. Manchmal wird die Wurzel mit Öl beträufelt, danach zerrieben und als Massageöl benutzt.

Weintraubenbaum – Das Öl des Weintraubenbaumes wird aus den Kernen gewonnen und zur Körper- und Intimpflege benutzt. Die Blätter finden auch bei Geburten eine rituelle Verwendung.

Wermut ist eine Heilpflanze und hat psychedelische Wirkung, die auch die Libido anregt.

Yamswurzel ist die Königin der westafrikanischen Nutzpflanzen mit mythischer und ritueller Bedeutung. Yams sind Bestandteil der täglichen Ernährung, haben eine dicke, raue Schale und sehen wie Baumstämme aus. Das Fleisch der bis zu einem Meter langen Wurzel kann weiß, gelb oder rötlich sein. Yams enthalten neben Kohlehydraten Vitamine und das Hormon Progesteron, das dafür sorgt, dass afrikanische Frauen weniger unter Wechseljahrbeschwerden leiden. Yams werden auch zur Empfängnisverhütung eingesetzt. Die Blätter und Stängel werden zu Zauber- und Liebesschnüren geflochten. Medizinmänner benutzen

Yamswurzelpulver in einem Zaubertrank, um verlorene Seelen wiederzufinden.

Ziegenböcke verkörpern die sexuelle Energie des Mannes und werden nach Opferritualen verspeist. Das Fleisch älterer Böcke ist sehr zäh, riecht und schmeckt auch nach langem Kochen noch recht intensiv, da Ziegen die Angewohnheit haben, sich in ihrem eigenen Urin zu wälzen.

Zimt ist ein Gewürz aus der Rinde oder den Samen des Zimtbaumes und Bestandteil vieler Würzmischungen. Zimt ist auch ein Duftstoff, der in vielen Ritualen Verwendung findet. Als Aphrodisiakum kann er mit Ingwer vermischt werden.

Zitronengras kann als Gewürz für Speisen oder als Tee benutzt werden. In Westafrika werden die Blätter abgekocht und der Sud als Klistier verabreicht, um Fieber, allergische Reaktionen oder Geschlechtskrankheiten zu heilen.

Zitronen- und *Limettenöl* ist gelb und sehr erfrischend im Geruch. Es wird aus der Schale der Südfrüchte gewonnen und bei vielen magischen Handlungen benutzt.

Wenn du eine Frau auf dem Tanzplatz kennen lernst und heiratest sie, wird sie eines Tages mit dem Trommler davongehen.
Sprichwort der Yoruba

Afrikanische Begriffe aus Magie und Alltag

Ahnen oder *Vorfahren* werden fast überall in Afrika verehrt. Die Geister der Vorfahren leben nach dem Tod weiter und strömen eine unsichtbare, aber stets aktive Kraft zugunsten der Nachkommen aus.

Amulett ist ein mit Kraft aufgeladenes Objekt und dient als Schutz- oder Abwehrmittel. Amulette können als Kette um den Hals, als Armband, Fußkette, am Gürtel, Schlüsselbund oder in der Geldbörse getragen werden. Häufig wird für ein Amulett ein eigenes Band geflochten und zur Aufladung unter Wasser gehalten. Um sich des besonderen Schutzes zu versichern, reibt man ein Amulett zwischen den Fingern und berührt es mit seinen Lippen. Ein Spiegelamulett soll zum Beispiel der ewig alterslosen Schönheit einer Frau dienen. Es ist ein Ledersäckchen, mit Kräutern und magischen Steinen gefüllt und mit einer Spiegelscherbe beklebt, wird in der Tasche aufbewahrt und berührt, wenn es darum geht, besonders schön zu sein.

Asche kann ein wirksames Reinigungsmittel sein. Sie wird benutzt, um Narben und Tätowierungen zu verstärken. Dazu wird sie in Einschnitte und Wunden eingerieben.

Babalawo – afrikanischer Medizinmann, der nach jahrelanger Ausbildung auf der Grundlage religiöser Weisheiten Krankheiten kuriert und Schicksal weissagt; wörtlich: Vater kennt Geheimnisse (Yoruba).

Bäume sind Wohnstätten der Geister und Ahnen.

Beraterin, englisch *consultant*, beschönigende Bezeichnung des Wortes »Hexe«.

Beschneidung – bei Männern: dabei wird die mit Nervensträngen durchzogene Vorhaut entfernt; Beschneidung bei Frauen: pharaonische Beschneidung oder Infubilation, Klitoris-Entfernung oder -durchstechung.

Blut ist die Brücke zwischen Lebenden und Toten und erleichtert den Kontakt zu den Ahnen.

Böser Blick – Der Glaube, durch den »bösen Blick« einer anderen Person einen großen Schaden zufügen zu können, ist in Afrika weit verbreitet.

Chief – Häuptling, Dorfchef, mittlerweile gebräuchliche Anrede für einen städtischen Mister Wichtig.

Cowbell – afrikanisches Meditationsinstrument: eine Kuhglocke ohne Klöppel, gegen die mit einem Stock geschlagen wird. Der Ton versetzt die Luft in lang anhaltende Schwingungen, die sich körperlich auf Menschen in der Nähe der *cowbell* übertragen.

Eigentumsmagie – magischer Umgang mit Gegenständen zum Schaden eines anderen Menschen.

Eulen gelten als Vertraute der Hexen, die sich angeblich in solche verwandeln können.

Fetisch ist ein magisch aufgeladener Kultgegenstand unterschiedlichster Form.

Fluch wird benutzt, um eine Person zu verwünschen. Rituell werden Kräuter als Medizin zubereitet. Beim Anblick der zu verwünschenden Person leckt eine Hexe an der Medizin und murmelt den Fluch.

Fußspurenmagie wird benutzt, um Liebe zu gewinnen oder zu zerstören.

Galle eines toten Tieres kann in einem Ritual gelutscht oder Arme und Beine können damit eingerieben werden. Geister lecken gerne die bittere Substanz von der Haut des Menschen, der ihren Rat sucht.

Geister sind Lebewesen mit oder ohne Körper.

Gottesurteile wurden ausgeführt, um Hexen zu entlarven und zu töten.

Gris-Gris – französisches Wort für: kleiner Fetisch oder *juju*.

Hexe – In jeder Frau steckt die Fähigkeit, sich als Hexe zu betätigen. Alte Frauen, die keine Kinder geboren haben, gelten in Afrika als böseste Hexen.

Hexenaltar oder *Schrein* liegt irgendwo im Busch oder an einer Kreuzung von Pfaden.

Hexenmedizin – Trägerin der Hexenkräfte, ein Gemisch aus Drogen und Tierbestandteilen, die teilweise gegessen oder in die Haut eingerieben werden.

Ifa ist eine in Westafrika (Nigeria, Benin) weit verbreitete, sehr alte Naturreligion, die vor allem in den USA eine Wiederbelebung erfährt.

Initiation – Einweihung in geheime Riten einer Religion oder eines Bundes, was die Aufnahme in diese Gemeinschaft zur Folge hat.

Juju – kleiner Fetisch; westafrikanische Bezeichnung.

Kalebasse – ausgehöhlte und getrocknete Kürbishälften, oft verziert.

Kauri, englisch *cowrie* – kleine perlmuttfarbene Seeschnecke, deren Form an die Vulva erinnert; Verwendung als Orakelmittel oder Schmuck von Ritualgegenständen, früher auch Zahlungsmittel.

Kerzen sind magische Werkzeuge. Die Kerzenflamme ist ein Mini-Universum: Das Wachs ist die Erde, die Tropfen das Wasser, die Flamme das Feuer, und die Luft, die zum Brennen notwendig ist, der Atem.

Knochen können zum Werfen von Orakeln benutzt werden.

Liebeszauber – Die bekannteste Zauberart ist der Liebeszauber, jenes Mittel, durch das jemand eine Person des anderen Geschlechts dazu bringen kann, sich in sie und keine andere zu verlieben.

Masken werden göttlich durch ihre Weihung und sind in Afrika gefürchtet und hoch geachtet, denn sie dienen den Geistern und Göttern. Masken haben einen eigenen Willen.

Olorisha sind Anhängerinnen eines gottähnlichen Geistes (Ifa-Religion).

Opon – Orakelbrett eines Priesters (Ifa-Religion).

Orakel – Ein Orakel wird von Wahrsagern und *babalawos* befragt und verkündet unter Anrufung von Göttern. Häufigste Form: Kauri-Orakel, Strich-Orakel, Kola-Nüsse-Orakel; seltener: Knochenorakel, Spinnenorakel.

Orisha – Schutzgeist, Gottheit, männlich und weiblich (Ifa-Religion).

Pfeifen bestehen zum Beispiel aus Holz, Terrakotta, Stein, Kalebassen oder Horn und haben oft ein langes Pfeifenrohr, da der afrikanische Tabak stark und von minderer Qualität ist.

Pfeilgift ist heutzutage Lieferant für chemische Medikamente, wurde früher in der afrikanischen Liebesapotheke verwendet.

Polygamie – Mehrfachehe.

Potenzholz – zum Beispiel Yohimbe als Liebeselixier.

Rasseln zur Anrufung der Götter und Geister bestehen aus ausgehöhlten und getrockneten Kürbissen. Sie können beispielsweise durch Schnüre und Perlen verziert werden.

Speichel schafft eine magische Verbindung zwischen einem Menschen und einem Gegenstand (Beopferung, Weihung).

Suchmann ist ein Zauberer, der durch Orakel in der Lage ist, vermisste Personen oder Gegenstände wiederzufinden.

Tabak wird geraucht, gekaut oder geschnupft und in verzierten Behältern aufbewahrt findet bei manchen spirituellen Zeremonien Verwendung.

Tabu ist eine zeremonielle Unreinheit, hervorgerufen durch Verletzung von Stammesregeln.

Tabu-Magie – Man verletzt ein Tabu absichtlich und benennt als Tabu-Brecher einen anderen Menschen.

Talisman kann böse Einflüsse und Kräfte abwehren und wird auf einen Altar gelegt oder am eigenen Körper getragen.

Termitenhügel – Erde des Termitenhügels wird für die Liebesmagie verwendet.

Taube – Opfertier; Schutz gegen Hexen.

Tieropfer sind wichtige Hilfsmittel, um die Götter und Ahnen gewogen zu machen.

Tonfiguren – Plastiken aus Ton, die Tiere oder Menschen darstellen, werden oft von Hexen in Riten angefertigt und für die Liebesmagie verwendet. Für Tonfiguren werden Haare, Nägel oder Blut des zu Behexenden genommen, anschließend eingeölt und geweiht. Bei bösen Absichten wird die Tonfigur in einem Ritual zerstört.

Totem – ein dem Menschen verwandtes Tier oder Pflanze.

Träume – In Afrika sind Träume von enormer Wichtigkeit. Viele glauben, dass die Seelen im Traum die Geisterwelt besuchen.

Trommel – Die Trommel bietet einen Zugang zur Welt der Geister und Ahnen.

Witch-Doctor wird in der Bedeutung von »Heiler« verwandt, der magische Medizin benutzt und anderen mit Zauberei hilft oder Schaden zufügt.

Wizzard verfügt über ungewöhnliche Fähigkeiten und ist meistens ein Zauberer, der Unglaubliches vollbringt.

Wrapper – Rock oder Kleid, das aus einer langen Stoffbahn um den Körper gewickelt wird, dazu wird eine *buba* getragen (Bluse aus dem gleichem Stoff).

Yoruba – jahrtausendealter Volksstamm in Westafrika, der heute große Teile der Bevölkerung in Nigeria, Benin und Togo stellt.

Zauber – Einen Zauber auf jemanden zu werfen bedeutet, den Willen dieser Person, ihre Kraft zu denken und unabhängig zu handeln, zu lähmen.

Zauberin ist mächtiger als eine Hexe. Sie will Macht über Menschen ausüben. Werkzeuge der Zauberin sind Geister, die sie beherrschen kann.

Zombies sind Menschen, die ihren Körper behalten und noch am Leben sind, aber ihre Seele und ihren Charakter verloren haben, so dass sie nicht mehr zwischen Gut und Böse unterscheiden können.

Literaturhinweise

Bolen, Jean Shinoda: Göttinnen in jeder Frau / Götter in jedem Mann, München 1995/1998

Chesi, Gert: Die Medizin der schwarzen Götter, Wien 1989

Cobbinah, Jojo: Westafrikanisch kochen, Berlin/Göttingen 1998

Knappert, Jan: Lexikon der afrikanischen Mythologie, Weyharn 1997

Mbiti, John S.: Afrikanische Religion und Weltanschauung, Berlin 1974

Museum für Völkerkunde Frankfurt: Was sind Fetische?, Katalog zur Ausstellung, Frankfurt am Main 1986

Neimark, Philip J.: Die Kraft der Orischa, Bern/München/Wien 1996

Neuwinger, Hans Dieter: Afrikanische Heilpflanzen und Jagdgifte, Stuttgart 1998

Rätsch, Christian: Die Regenwaldapotheke, Berlin 1999

Steinbrich, Sabine: Imagination und Realität in westafrikanischen Erzählungen, Köln 1997

Teish, Luisah: Jambalaya (übersetzt von Luisa Francia), München 1990